GRANDE CHANCELLERIE

DE LA LÉGION D'HONNEUR

LOIS ET DÉCRETS

LÉGION D'HONNEUR

MAISONS D'ÉDUCATION — MÉDAILLE MILITAIRE

ORDRES ÉTRANGERS

PARIS

A LA GRANDE CHANCELLERIE

1, rue de Solferino

LÉGION D'HONNEUR

LOIS ET DÉCRETS

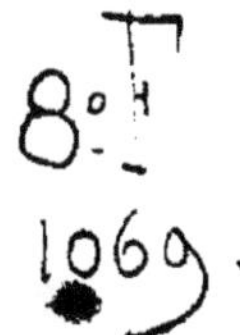

GRANDE CHANCELLERIE

DE LA LÉGION D'HONNEUR

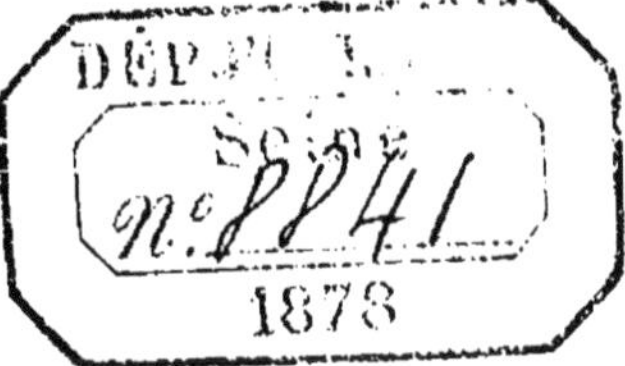

LOIS ET DÉCRETS

LÉGION D'HONNEUR

MAISONS D'ÉDUCATION — MÉDAILLE MILITAIRE

ORDRES ÉTRANGERS

PARIS

A LA GRANDE CHANCELLERIE

1, rue de Solferino

LÉGION D'HONNEUR

ORDRE NATIONAL DE LA LÉGION D'HONNEUR

La Légion d'honneur a été instituée par la loi du 29 floréal an X (19 mai 1802) pour récompenser les services militaires et civils. L'administration de l'Ordre est confiée à un grand chancelier, qui travaille directement avec le Président de la République. L'Ordre est composé de : 1° chevaliers; 2° officiers; 3° commandeurs; 4° grands-officiers; 5° grands-croix. Les membres de l'Ordre sont à vie. Le nombre des chevaliers est illimité; celui des officiers est fixé à 4,000, celui des commandeurs à 1,000, celui des grands officiers à 200 et celui des grands-croix à 80. Les étrangers auxquels est conférée la décoration ne sont pas compris dans l'effectif réglementaire; ils sont *admis* et non reçus dans l'Ordre.

La décoration de la Légion d'honneur consiste dans une étoile à cinq rayons doubles surmontée d'une couronne de chêne et de laurier ; le centre de l'étoile, entouré de branches également de chêne et de laurier, présente d'un côté l'effigie de la République, avec cet exergue : *République française* (1870), et de l'autre côté deux drapeaux tricolores, avec la devise : *Honneur et Patrie*. Cette décoration, émaillée de blanc, est en argent pour les chevaliers, et en or pour tous les autres grades. La décoration se porte de la manière suivante :

Les chevaliers sur le côté gauche de la poitrine, attachée par un ruban moiré rouge sans rosette ;

Les officiers à la même place, mais avec la rosette ;

Les commandeurs, en sautoir, attachée par un ruban plus large que celui des officiers et chevaliers ;

Les grands officiers portent, sur le côté droit de la poitrine, une plaque ou étoile à cinq rayons doubles diamantée tout argent, du diamètre de 90 millimètres ; ils portent, en outre, la croix d'officier.

Les grands-croix portent un large ruban en écharpe, passant sur l'épaule droite, et au bas duquel est attachée une croix semblable à celle des commandeurs, mais ayant 70 millimètres de diamètre; de plus, ils portent sur le côté gauche de la poitrine la plaque des grands officiers.

Aux termes du décret du 22 mars 1875, les personnes nommées ou promues dans l'Ordre doivent acquitter, pour frais de brevet, les droits de chancellerie ci-après : les chevaliers, 25 francs; les officiers, 50 francs; les commandeurs, 80 francs; les grands officiers, 120 francs, et les grands-croix, 200 francs.

Nul ne peut être admis dans la Légion d'honneur qu'avec le premier grade de chevalier, et après avoir exercé pendant vingt ans, en temps de paix, des fonctions civiles ou militaires avec la distinction requise, sauf les dispenses accordées, en temps de guerre, pour les actions d'éclat et les blessures graves, et, en tout temps, pour les services extraordinaires rendus à l'État dans les fonctions civiles ou militaires, ainsi que dans les sciences et les arts.

Pour être élevé à un grade supérieur, il est indispensable d'avoir passé dans le grade inférieur, savoir :

1° Pour le grade d'officier, quatre ans dans celui de chevalier;

2° Pour le grade de commandeur, deux ans dans celui d'officier;

3° Pour le grade de grand officier, trois ans dans celui de commandeur;

4° Pour le grade de grand-croix, cinq ans dans celui de grand officier.

Chaque campagne est comptée double aux militaires dans l'évaluation des années exigées ; mais on ne peut compter qu'une campagne par année, sauf les cas d'exception, qui doivent être déterminés par un décret spécial.

La loi du 25 juillet 1873 a prescrit qu'il ne serait fait, à l'avenir, qu'une nomination ou promotion sur deux extinctions. Le chiffre des extinctions étant fixé, le Président de la République arrête tous les six mois la répartition des nominations ou promotions afférentes aux divers départements ministériels et à la grande chancellerie de la Légion d'honneur. Les extinctions provenant du décès des légionnaires nommés au titre militaire sont attribuées aux ministères de la guerre et de la marine, et celles produites par le décès des légionnaires nommés au titre civil sont réparties entre les autres ministères et la grande chancellerie.

Les membres de l'Ordre convoqués aux cérémonies publiques, civiles ou religieuses, y occupent des places particulières qui leur sont assignées par le grand chancelier ou par les autorités constituées, conformément au règlement sur les préséances.

On porte les armes aux officiers et chevaliers;

on les présente aux grands-croix, aux grands officiers et aux commandeurs.

Pour les honneurs funèbres et militaires, les grands-croix et les grands officiers de la Légion d'honneur sont traités comme les généraux de division employés, lorsqu'ils n'ont pas un grade militaire supérieur; les commandeurs comme les colonels, les officiers comme les capitaines, les chevaliers comme les lieutenants.

La qualité de membre de la Légion d'honneur se perd, et l'exercice des droits et prérogatives inhérents à cette qualité est suspendu par les mêmes causes que celles qui font perdre la qualité ou suspendre les droits de citoyen français.

Le chef de l'État peut, en outre, suspendre ou enlever l'exercice des droits et prérogatives attachés à la qualité de membre de l'Ordre, soit après une condamnation prononcée par les tribunaux civils ou par les conseils de guerre, soit après la constatation d'actes contraires à l'honneur, et qui ne tombent cependant pas sous le coup des lois pénales.

MÉDAILLE MILITAIRE

La Médaille militaire a été instituée par le décret du 22 janvier 1852. Elle est en argent et d'un diamètre de 28 millimètres; elle porte d'un côté l'effigie de la République, sur fond d'or, entourée de l'exergue : *République française*, sur émail bleu, et de l'autre les mots : *Valeur et Discipline;* elle est surmontée d'un trophée d'armes suspendu à un ruban moiré jaune, liséré de vert.

La médaille se donne aux militaires et marins en activité de service, aux maréchaux de France, aux amiraux et aux officiers généraux ayant rempli les fonctions de ministre ou ayant exercé un commandement en chef; elle peut être également accordée, sur la proposition du grand chancelier, aux sous-officiers et soldats des armées de terre et de mer amputés ou retraités pour blessures équivalant à la perte d'un membre.

Il est fait annuellement, dans la Médaille militaire, deux nominations sur trois extinctions.

Les dispositions disciplinaires qui régissent la Légion d'honneur sont également applicables à la Médaille militaire.

GRANDE CHANCELLERIE

DE L'ORDRE DE LA LÉGION D'HONNEUR[1].

Le grand chancelier est choisi parmi les grands-croix et les grands officiers de la Légion d'honneur. Il est dépositaire du sceau de l'Ordre; il soumet à l'approbation du Président de la République les règlements et décisions concernant la Légion d'honneur et les ordres étrangers, présente les candidats pour les nominations ou promotions dans la Légion d'honneur; il a dans ses attributions la Médaille militaire; il signe et fait expédier les titres de nominations, remet les décorations ou donne les délégations nécessaires aux membres de l'Ordre qui doivent les remettre en son nom; il transmet les titres nécessaires pour être autorisé à accepter ou à porter les décorations étrangères conférées à des Français.

Il fait appliquer les lois et décrets qui confèrent le traitement aux membres de l'Ordre et aux décorés de la Médaille militaire.

Le grand chancelier présente le travail relatif

1. Le décret impérial du 31 janvier 1870 a placé la grande chancellerie de la Légion d'honneur dans les attributions du ministère de la justice et des cultes.

aux nominations des élèves pensionnaires et gratuites dans les maisons d'éducation de Saint-Denis, d'Écouen et des Loges ; il prend les mesures nécessaires pour assurer l'exécution des règlements sur la discipline des membres de la Légion d'honneur, des décorés de la Médaille militaire et d'ordres étrangers, des titulaires de médailles commémoratives françaises ou étrangères ; il prend les ordres du gouvernement relativement aux cérémonies publiques auxquelles les grands-croix et grands officiers sont appelés ; il présente les rapports et le budget annuel, dirige et surveille toutes les parties de l'administration de l'Ordre et des établissements qui en dépendent, la perception des revenus, les payements des dépenses ; il préside les assemblées des compagnies des canaux du Midi, d'Orléans et du Loing.

LOIS ET DÉCRETS

LOI

PORTANT CRÉATION D'UNE LÉGION D'HONNEUR.

Du 29 floréal an X (19 mai 1802).

AU NOM DU PEUPLE FRANÇAIS.

BONAPARTE, premier Consul, proclame loi de la République le décret suivant, rendu par le Corps législatif le 29 floréal an X, conformément à la proposition faite par le gouvernement le 25 dudit mois, communiquée au Tribunat le 27 suivant.

DÉCRET

TITRE PREMIER.

CRÉATION ET ORGANISATION DE LA LÉGION D'HONNEUR.

ART. Ier. En exécution de l'article 87 de la Constitution, concernant les récompenses militaires, et pour récompenser aussi les services et les vertus civils, il sera formé une Légion d'honneur.

II. Cette Légion sera composée d'un grand conseil d'administration et de quinze cohortes, dont chacune aura son chef-lieu particulier.

III. Il sera affecté à chaque cohorte des biens nationaux portant deux cent mille francs de rente.

IV. Le grand conseil d'administration sera composé de sept grands officiers, savoir : des trois consuls et de quatre autres membres, dont un sera nommé entre les sénateurs par le Sénat; un autre entre les membres du Corps législatif par le Corps législatif; un autre entre les membres du Tribunat par le Tribunat, et un, enfin, entre les conseillers d'État par le Conseil d'État. Les membres du grand conseil d'administration conserveront, pendant leur vie, le titre de grand officier, lors même qu'ils seraient remplacés par l'effet de nouvelles élections.

V. Le premier Consul est, de droit, chef de la Légion et président du grand conseil d'administration.

VI. Chaque cohorte sera composée :

De sept grands officiers,

De vingt commandants,

De trente officiers

Et de trois cent cinquante légionnaires.

Les membres de la Légion sont à vie.

VII. Il sera affecté :

A chaque grand officier, cinq mille francs;

A chaque commandeur, deux mille francs;

A chaque officier, mille francs,

Et à chaque légionnaire, deux cent cinquante francs.

Ces traitements sont pris sur les biens affectés à chaque cohorte.

VIII. Chaque individu admis dans la Légion jurera, sur son honneur, de se dévouer au service de la République, à la conservation de son territoire dans son intégrité, à la défense de son gouvernement, de ses lois et des propriétés qu'elles ont consacrées; de combattre, par tous les moyens que la justice, la raison et les lois autorisent, toute entreprise tendant à rétablir le régime féodal, à reproduire les titres et les qualités qui en étaient l'attribut; enfin, de concourir de tout son pouvoir au maintien de la liberté et de l'égalité.

IX. Il sera établi dans chaque chef-lieu de cohorte un hospice et des logements pour recueillir soit les membres de la Légion que leur vieillesse, leurs infirmités ou leurs blessures auraient mis dans l'impossibilité de servir l'État, soit les militaires qui, après avoir été blessés dans la guerre de la liberté, se trouveraient dans le besoin.

TITRE II.

COMPOSITION.

Art. Ier. Sont membres de la Légion tous les militaires qui ont reçu des armes d'honneur.

Pourront y être nommés les militaires qui ont rendu des services majeurs à l'État dans la guerre de la liberté;

Les citoyens qui, par leur savoir, leurs talents, leurs vertus, ont contribué à établir ou à défendre les principes de la République, ou fait aimer et respecter la justice ou l'administration publique.

II. Le grand conseil d'administration nommera les membres de la Légion.

III. Durant les dix années de paix qui pourront suivre la première formation, les places qui viendront à vaquer demeureront vacantes jusqu'à concurrence du dixième de la Légion, et, par suite, jusqu'à concurrence du cinquième. Ces places ne seront remplies qu'à la fin de la première campagne.

IV. En temps de guerre, il ne sera nommé aux places vacantes qu'à la fin de chaque campagne.

V. En temps de guerre, les actions d'éclat feront titre pour tous les grades.

VI. En temps de paix, il faudra avoir vingt-cinq années de service militaire pour pouvoir être nommé membre de la Légion ; les années de service en temps de guerre compteront double, et chaque campagne de la guerre dernière comptera pour quatre années.

VII. Les grands services rendus à l'État dans les fonctions législatives, la diplomatie, l'administration, la justice ou les sciences, seront aussi des titres d'admission, pourvu que la personne qui les aura rendus ait fait partie de la garde nationale du lieu de son domicile.

VIII. La première organisation faite, nul ne sera admis dans la Légion qu'il n'ait exercé pendant vingt-cinq ans ses fonctions avec la distinction requise.

IX. La première organisation faite, nul ne pourra parvenir à un grade supérieur qu'après avoir passé par le plus simple grade.

X. Les détails de l'organisation seront déterminés par des règlements d'administration publique ; elle devra être faite au 1er vendémaire an XII, et, passé ce temps, il ne pourra y être rien changé que par des lois.

A Paris, le 9 prairial an X de la République (29 mai 1802).

Signé : BONAPARTE, premier Consul.

Contre-signé : *Le secrétaire d'État*, H. B. MARET.

Et scellé du sceau de l'État.

Vu : *Le ministre de la justice*, signé : ABRIAL.

DÉCRET ORGANIQUE

DE LA LÉGION D'HONNEUR.

Du 16 mars 1852.

LOUIS-NAPOLÉON, Président de la République française,

Vu l'ordonnance du 26 mars 1816 et les décrets des 24 mars 1851, 22 janvier 1852, 25 janvier 1852, 29 février 1852;

Considérant que l'ordonnance précitée n'a pas été abrogée, bien qu'elle soit en partie tombée en désuétude;

Qu'il est nécessaire de réunir dans un seul décret organique les statuts de la Légion d'honneur, afin de coordonner l'ordonnance de 1816 avec les lois et décrets subséquents;

Sur la proposition du maréchal grand chancelier de la Légion d'honneur,

Décrète :

TITRE Ier.

ORGANISATION ET COMPOSITION DE L'ORDRE.

Art. Ier. La Légion d'honneur est instituée pour récompenser les services civils et militaires.

II. Le Président de la République est chef souverain et grand maître de l'Ordre.

III. La Légion d'honneur est composée de chevaliers, d'officiers, de commandeurs, de grands officiers et de grands-croix.

IV. Les membres de l'Ordre sont à vie.

V. Le nombre de chevaliers n'est pas limité; néanmoins, comme ce nombre est aujourd'hui trop considérable, il ne sera fait, dans le civil, qu'une promotion sur deux extinctions jusqu'en 1856[1].

Le nombre des officiers est fixé à 4,000, celui des commandeurs à 1,000, celui des grands officiers à 200, celui des grands-croix à 80.

VI. Le nombre des grands officiers, commandeurs et officiers dépassant les limites fixées, il ne sera fait dans ces divers grades, tant au civil qu'au militaire, qu'une nomination ou promotion sur deux vacances, jusqu'à ce que l'on soit rentré dans le cadre[2].

VII. Les étrangers seront admis et non reçus; ils

1. Un décret impérial du 15 novembre 1856 apporta à cet article la modification suivante :

« *Article unique*. Les dispositions de l'article 5 du décret du 16 mars 1852, sur notre Ordre de la Légion d'honneur, continueront à recevoir leur exécution aussi longtemps que nous n'en aurons pas autrement ordonné. »

2. Voir, plus loin, les modifications apportées aux articles 5, 6 et 7 par la loi du 25 juillet 1873.

ne prêtent aucun serment et ne figurent pas dans le cadre fixé.

TITRE II.

FORME DE LA DÉCORATION ET MANIÈRE DE LA PORTER.

VIII. La décoration de la Légion d'honneur est, comme sous l'Empire, une étoile à cinq rayons doubles, surmontée d'une couronne.

Le centre de l'étoile, entouré de branches de chêne et de laurier, présente d'un côté l'effigie de Napoléon, avec cet exergue : *Napoléon, Empereur des Français*, et de l'autre côté l'aigle avec la devise : *Honneur et Patrie.*

IX. L'étoile, émaillée de blanc, est en argent pour les chevaliers, et en or pour les officiers, commandeurs, grands officiers et grands-croix.

Le diamètre est de 40 millimètres pour les chevaliers et officiers, et de 60 pour les commandeurs.

X. Les chevaliers portent la décoration attachée par un ruban moiré rouge, sans rosette, sur le côté gauche de la poitrine.

Les officiers la portent à la même place et avec le même ruban, mais avec une rosette.

Les commandeurs portent la décoration en sautoir, attachée par un ruban moiré rouge, plus large que celui des officiers et chevaliers.

Les grands officiers portent sur le côté droit de

a poitrine une plaque ou étoile à cinq rayons doubles diamantée tout argent, du diamètre de 90 millimètres (le centre représente l'aigle avec l'exergue : *Honneur et Patrie*) ; ils portent en outre la croix d'officier.

Les grands-croix portent un large ruban, moiré rouge, en écharpe, passant sur l'épaule droite, et au bas duquel est attachée une croix semblable à celle des commandeurs, mais ayant 70 millimètres de diamètre ; de plus, ils portent sur le côté gauche de la poitrine une plaque semblable à celle des grands officiers.

TITRE III.

ADMISSION ET AVANCEMENT DANS L'ORDRE [1].

XI. En temps de paix, pour être admis dans la Légion d'honneur, il faut avoir exercé pendant vingt ans, avec distinction, des fonctions civiles ou militaires.

XII. Nul ne peut être admis dans la Légion d'honneur qu'avec le premier grade de chevalier.

XIII. Pour être nommé à un grade supérieur, il est indispensable d'avoir passé dans le grade inférieur, savoir :

1. Voir les modifications apportées au titre III par la loi du 25 juillet 1873, qui est ci-après reproduite.

1° Pour le grade d'officier, quatre ans dans celui de chevalier;

2° Pour le grade de commandeur, deux ans dans celui d'officier;

3° Pour le grade de grand officier, trois ans dans celui de commandeur;

4° Pour le grade de grand-croix, cinq ans dans celui de grand officier.

XIV. Chaque campagne est comptée double aux militaires dans l'évaluation des années exigées par les articles 11 et 13; mais on ne peut jamais compter qu'une campagne par année, sauf les cas d'exception, qui doivent être déterminés par un décret spécial.

XV. En temps de guerre, les actions d'éclat et les blessures graves peuvent dispenser des conditions exigées par les articles 11 et 13 pour l'admission ou l'avancement dans la Légion d'honneur.

XVI. En temps de paix comme en temps de guerre, les services extraordinaires, dans les fonctions civiles ou militaires, les sciences et les arts, peuvent également dispenser de ces conditions, mais sous la réserve expresse de ne franchir aucun grade.

XVII. Pour donner lieu aux dispenses mentionnées dans les articles précédents, les actions d'éclat, blessures ou services extraordinaires doivent être dûment constatés.

Les propositions devront expliquer avec détail le fait pour lequel on demande la décoration; elles seront transmises, par la voie hiérarchique, au ministre compétent, qui les présentera au Chef de l'État.

XVIII. Sauf les cas extraordinaires mentionnés aux précédents articles, il n'y aura de nominations et promotions dans l'Ordre qu'au 1er janvier et au 15 août.

XIX. Dans le mois qui précède chacune de ces époques, le grand chancelier arrêtera, en conseil de l'Ordre, le tableau des vacances, conformément à l'article 6, et prendra les ordres du Chef de l'État pour la répartition à faire entre les différents ministères.

XX. Sur l'avis que le grand chancelier leur donnera, les ministres lui adresseront les listes des personnes qu'ils jugeront avoir mérité cette distinction.

XXI. De la réunion de ces listes le grand chancelier formera un corps de décrets qu'il soumettra à l'approbation du Chef de l'État.

XXII. Les ministres, après chaque nomination ou promotion, expédient des lettres d'avis à toutes les personnes nommées dans leurs ministères.

Ces lettres d'avis leur prescrivent de se pourvoir auprès du grand chancelier pour obtenir l'autorisation nécessaire de se faire recevoir, d'être décoré, et l'expédition du brevet.

XXIII. Toutes demandes de nomination ou de promotion qui seront adressées ou soumises au Président de la République, par quelque personne que ce soit autre que les ministres, seront renvoyées au grand chancelier, qui en fera le rapport et présentera des projets de décrets, s'il y a lieu.

XXIV. A l'avenir, nul ne pourra porter la décoration du grade où il aura été nommé ou promu qu'après sa réception, à moins que cette décoration ne lui soit remise directement par le Chef de l'État.

TITRE IV.

MODE DE RÉCEPTION DES MEMBRES DE L'ORDRE, ET DU SERMENT.

XXV. Les grands-croix et les grands officiers prêtent serment entre les mains du Chef de l'État et reçoivent de lui leur décoration.

XXVI. En cas d'empêchement, le grand chancelier ou un grand fonctionnaire du même rang dans l'Ordre sera délégué pour recevoir le serment et procéder aux réceptions. Dans l'un et l'autre cas, le grand chancelier prendra les ordres du Chef de l'État.

XXVII. Le grand chancelier désigne, pour procéder aux réceptions des chevaliers, officiers ou commandeurs, un membre de l'Ordre d'un grade au moins égal à celui du récipiendaire.

XXVIII. Les militaires de tout grade et de toutes armes de terre et de mer, les membres des administrations qui en dépendent, seront reçus à la parade.

XXIX. Le récipiendaire prête le serment ci-après :

« Je jure fidélité au Président de la République, à l'honneur et à la patrie; je jure de me consacrer tout entier au bien de l'État et de remplir les devoirs d'un brave et loyal chevalier de la Légion d'honneur. »

XXX. L'officier chargé de la réception d'un militaire, après avoir reçu son serment, le frappe du plat de l'épée sur chaque épaule, et, en lui remettant son brevet ainsi que sa décoration, au nom du Président de la République, lui donne l'accolade.

XXXI. Il ne pourra être porté cumulativement avec l'ordre de la Légion d'honneur aucun ordre étranger sans l'autorisation du Chef de l'État, transmise par le grand chancelier.

XXXII. Il est adressé au grand chancelier un procès-verbal de chaque réception; des règlements particuliers déterminent les modèles de procès-verbaux de réception.

TITRE V.

PENSIONS, BREVETS ET PRÉROGATIVES.

XXXIII. Tous les officiers, sous-officiers et soldats de terre et de mer en activité de service nommés ou promus dans l'ordre de la Légion d'honneur postérieurement au décret du 22 janvier 1852, recevront, selon leur grade dans la Légion d'honneur, l'allocation annuelle suivante :

Les légionnaires..........	250 fr.
Les officiers............	500
Les commandeurs........	1,000
Les grands officiers.......	2,000
Les grands-croix.........	3,000

La valeur des décorations sera imputée sur la première annuité[1].

1. Demeurent en vigueur :

1° La loi du 16 juin 1837, admettant au traitement de la Légion d'honneur, à compter du 1er janvier précédent, les sous-officiers et soldats des armées de terre et de mer amputés par suite de leurs blessures et nommés dans l'Ordre postérieurement à l'ordonnance du 19 juillet 1814 et depuis leur admission à la retraite;

2° La loi du 21 juin 1845, dont voici les trois premiers articles :

« Art. 1er. A compter du 1er janvier 1846, il sera payé, comme supplément au traitement de la Légion d'honneur, une somme annuelle et viagère de 100 francs aux mem-

XXXIV. Les mêmes pensions sont accordées à tous les officiers de terre et de mer, membres de la Légion d'honneur, mis en retraite après le 22 janvier 1852.

XXXV. Des brevets revêtus de la signature du Président de la République, et contre-signés du grand chancelier, seront délivrés à tous les membres de la Légion d'honneur nommés ou promus à l'avenir.

XXXVI. On porte les armes aux officiers et chevaliers ; on les présente aux grands-croix, grands officiers et commandeurs.

XXXVII. Les grands-croix et les grands officiers recevront les mêmes honneurs funèbres et militaires

bres de l'Ordre du grade de légionnaire ayant reçu ce grade avant le 6 avril 1814.

« Art. 2. Les chevaliers de la Légion d'honneur amputés par suite de blessures reçues à l'armée avant le 6 avril 1814, nommés dans l'Ordre postérieurement à cette époque et jouissant du traitement de 250 francs en vertu des lois des 6 juillet 1820 et 16 juin 1837, recevront le traitement de 100 francs indiqué à l'article 1er.

« Art. 3. A compter de la même époque, les sous-officiers et soldats nommés légionnaires par décrets des 27 février 1815 au 19 mars suivant, étant, aux dates de ces décrets, en activité de service dans les armées de terre et de mer, et qui ont été ou qui seront admis dans la Légion d'honneur par ordonnances royales, recevront le traitement annuel de 250 francs. »

que les généraux de division et les généraux de brigade non employés, et, s'ils sont officiers généraux, ils seront considérés comme morts dans l'exercice de leur commandement.

Les commandeurs sont assimilés aux colonels;

Les officiers, aux chefs de bataillon;

Les chevaliers, aux lieutenants.

Dans l'ordre civil, les honneurs funèbres et militaires seront rendus par la garde nationale aux commandeurs, officiers et chevaliers.

TITRE VI[1].

DISCIPLINE DES MEMBRES DE L'ORDRE.

XXXVIII. La qualité de membre de la Légion d'honneur se perd par les mêmes causes que celles qui font perdre la qualité de citoyen français.

XXXIX. L'exercice des droits et des prérogatives des membres de la Légion d'honneur est suspendu par les mêmes causes que celles qui suspendent les droits de citoyen français.

XL. Les ministres de la justice, de la guerre et de la marine transmettent au grand chancelier des copies de tous les jugements, en matière criminelle,

1. Voir plus loin les modifications apportées à ce titre par les décrets des 14 avril et 9 mai 1874.

correctionnelle et de police, relatifs à des membres de l'Ordre.

XLI. Toutes les fois qu'il y aura eu recours en cassation contre un jugement rendu en matière criminelle, correctionnelle ou de police relatif à un légionnaire, le procureur général auprès de la Cour de cassation en rend compte sans délai au ministre de la justice, qui en donne avis au grand chancelier de la Légion d'honneur.

XLII. Les procureurs généraux auprès des cours d'appel et les rapporteurs auprès des conseils de guerre ne peuvent faire exécuter aucune peine infamante contre un membre de la Légion qu'il n'ait été dégradé.

XLIII. Pour cette dégradation, le président de la Cour d'appel, sur le réquisitoire de l'avocat général, ou le président du conseil de guerre, sur le réquisitoire du rapporteur, prononce, immédiatement après la lecture du jugement, la formule suivante :

« Vous avez manqué à l'honneur : je déclare, au nom de la Légion, que vous avez cessé d'en être membre. »

XLIV. Les chefs militaires de terre et de mer rendent aux ministres de la guerre et de la marine un compte particulier de toutes les peines graves de discipline qui ont été infligées à des légionnaires sous leurs ordres.

Ces ministres transmettent des copies de ce compte ugrand chancelier.

XLV. La cassation d'un chevalier de la Légion sous-officier en activité, et le renvoi d'un soldat ou d'un marin chevalier de la Légion, ne peuvent avoir lieu que d'après l'autorisation des ministres de la guerre et de la marine. Ces ministres ne peuvent donner cette autorisation qu'après en avoir informé le grand chancelier, qui prendra les ordres du Président de la République.

XLVI. Le Chef de l'État peut suspendre en tout ou en partie l'exercice des droits et prérogatives, ainsi que le traitement attaché à la qualité de membre de la Légion d'honneur, et même exclure de la Légion, lorsque la nature du délit et la gravité de la peine prononcée correctionnellement paraissent rendre cette mesure nécessaire.

TITRE VII.

ADMINISTRATION DE L'ORDRE [1].

XLVII. L'administration de l'Ordre est confiée à un grand chancelier, qui travaille directement avec le chef de l'État; il entre au conseil des ministres

1. Voir, plus loin, les modifications apportées à ce titre par la loi du 25 juillet 1873 et les décrets des 14 avril et 9 mai 1874.

toutes les fois que le Président juge convenable de l'y appeler pour discuter les intérêts de l'Ordre.

XLVIII. Un secrétaire général, nommé par le Président de la République, est attaché à la grande chancellerie; il a la signature en cas d'absence ou de maladie du grand chancelier, et le représente.

XLIX. Le grand chancelier est dépositaire du sceau de l'Ordre.

L. Tous les ordres étrangers sont dans les attributions du grand chancelier de la Légion d'honneur.

LI. Les décrets relatifs à la Légion d'honneur sont contre-signés par le ministre d'État et visés par le grand chancelier pour leur exécution.

LII. Le grand chancelier présente au chef de l'État :

1° Les rapports, projets de décrets, règlements et décisions concernant la Légion d'honneur et les ordres étrangers.

2° Les candidats présentés par les ministres, par d'autres personnes ou par lui pour les nominations ou promotions;

3° Il prend ses ordres à l'égard des ordres étrangers conférés à des Français;

4° Il transmet l'autorisation de les porter;

5° Il soumet à l'approbation du chef de l'État le travail relatif aux gratifications extraordinaires des membres de l'Ordre, ainsi qu'à l'admission et à la révocation des élèves pensionnaires et gratuites dans les maisons d'éducation de l'Ordre;

6° Il dirige et surveille toutes les parties de l'administration de l'Ordre, ses établissements, la perception des revenus, les payements et dépenses;

7° Il présente annuellement les projets de budget, préside les assemblées de canaux, etc.

LIII. La Cour des comptes est chargée de l'apurement et règlement des comptes et dépenses annuels de la Légion d'honneur.

LIV. Un conseil de l'Ordre est établi près du grand chancelier, qui les réunit tous les mois.

Le conseil de l'Ordre se compose comme suit :

Le grand chancelier, président;

Le secrétaire général, vice-président;

Dix membres de l'Ordre [1];

Plus un secrétaire à la nomination du grand chancelier et aux appointements de 6,000 francs [2].

LV. Les membres du conseil sont nommés par le Président de la République.

Le conseil sera renouvelé par moitié tous les deux ans.

1. Le nombre des membres du conseil a été porté à douze par décision ultérieure.

2. Les appointements du secrétaire ont été supprimés par un décret du 14 mars 1853.

Les membres sortants pourront être renommés.

Lors du premier renouvellememt, les membres sortants seront désignés par le sort.

LVI. Le grand chancelier et le conseil veilleront à l'observation des statuts et règlements de l'Ordre et des établissements qui en dépendent.

Le conseil donnera son avis :

1° Sur la répartition des nominations et promotions dans la Légion d'honneur entre les divers ministères et la grande chancellerie ;

2° Sur l'établissement du budget de la Légion d'honneur et sa répartition entre les diverses branches du service de la grande chancellerie ;

3° Sur le règlement des comptes de recettes et dépenses de ces services ;

4° Sur les mesures de discipline à prendre envers les membres de l'Ordre ;

5° Sur toutes les questions pour lesquelles le grand chancelier jugera utile de provoquer son avis.

LVII. Il sera publié tous les ans, par les soins et sous la direction de la grande chancellerie, un *Annuaire de l'Ordre de la Légion d'honneur*[1].

1. Cet article a été abrogé par un décret subséquent en date du 28 janvier 1856. L'Annuaire dont il est ici question n'a été publié qu'une seule fois, en 1853, et imprimé à l'Imprimerie nationale.

LVIII. Toutes dispositions antérieures contraires à celles du présent décret sont abrogées.

LIX. Les ministres et le grand chancelier de la Légion d'honneur sont chargés, chacun en ce qui le concerne, de l'exécution du présent décret.

Fait au palais des Tuileries, le 16 mars 1852.

Signé : LOUIS-NAPOLÉON.

Par le Prince Président : *Le ministre d'État*, signé : X. DE CASABIANCA.

Vu pour l'exécution : *Le grand chancelier de la Légion d'honneur*, signé : Mal EXELMANS.

DÉCRET

PORTANT QUE DES BREVETS SERONT DÉLIVRÉS AUX MEMBRES DE LA LÉGION D'HONNEUR ET AUX SOUS-OFFICIERS ET SOLDATS DÉCORÉS DE LA MÉDAILLE MILITAIRE.

Du 14 mars 1853.

NAPOLÉON, par la grâce de Dieu et la voloné nationale, EMPEREUR DES FRANÇAIS, à tous présents et à venir, SALUT.

Sur le rapport de notre grand chancelier de l'Ordre impérial de la Légion d'honneur, et de l'avis du conseil de l'Ordre;

Vu l'article 35 du décret organique de la Légion

d'honneur, du 16 mars 1852, portant que « des brevets signés de nous et contre-signés par notre grand chancelier de la Légion d'honneur seront délivrés aux membres de l'Ordre nommés ou promus à l'avenir »,

Avons décrété et décrétons ce qui suit :

Art. Ier. Il sera délivré des brevets, conformes au modèle annexé au présent, à tous les membres de la Légion d'honneur nommés ou promus à des grades dans la Légion depuis le 16 mars 1852, et à ceux qui seront nommés ou promus à l'avenir.

II. Il sera également délivré des brevets aux membres de la Légion d'honneur nommés ou promus à des grades dans la Légion d'honneur antérieurement au 16 mars 1852 qui en feront la demande à notre grand chancelier de l'Ordre.

III. Des brevets conformes au modèle annexé au présent seront délivrés à tous les sous-officiers et soldats des armées de terre et de mer décorés de la médaille militaire depuis le 22 janvier 1852, et à tous ceux qui recevront cette médaille à l'avenir.

IV. Il sera perçu par la grande Chancellerie de la Légion d'honneur, pour l'expédition des brevets mentionnés ci-dessus, savoir [1] :

1. Voir les modifications apportées à cet article par le décret du 22 mars 1875, ci-après reproduit.

Par brevet de chevalier. . . . . . . 12 fr.
Par brevet d'officier. 25
Par brevet de commandeur. 40
Par brevet de grand officier. 60
Par brevet de grand-croix. 100

V. Seront exempts de tout frais d'expédition les sous-officiers et soldats des armées de terre et de mer nommés, en activité de service, membres de la Légion d'honneur depuis le 16 mars 1852, ou qui le seront à l'avenir.

VI. Les brevets indiqués par l'article 3 seront également délivrés gratuitement aux sous-officiers et soldats qui sont ou seront décorés de la médaille militaire.

VII. L'excédant de la recette des frais d'expédition sur la dépense occasionnée par la délivrance des brevets de la Légion d'honneur sera employé 1° à couvrir les frais des brevets délivrés aux sous-officiers et soldats, conformément à l'article 5 du présent décret; 2° à couvrir les frais de brevets de médaille militaire délivrés conformément à l'article précédent.

Ces dépenses couvertes, le surplus de l'excédant servira, s'il en existe, à augmenter le fonds de secours affecté aux membres et aux orphelines de la Légion d'honneur.

VIII. Les frais d'expédition seront prélevés, pour

les membres de la Légion d'honneur jouissant d'un traitement à ce titre, sur la première annuité à leur payer de leur traitement.

IX. Notre grand chancelier de l'Ordre impérial de la Légion d'honneur est chargé de l'exécution du présent décret.

Fait au palais des Tuileries, le 14 mars 1853.

Signé : NAPOLÉON.

Par l'Empereur : *Le ministre d'État,* signé : ACHILLE FOULD.

Vu pour l'exécution : *Le grand chancelier de la Légion d'honneur*, signé : Gal Cte D'ORNANO.

LOI

SUR LES RÉCOMPENSES NATIONALES.

Du 25 juillet 1873.

L'ASSEMBLÉE NATIONALE A ADOPTÉ LA LOI dont la teneur suit :

ART. Ier. Il ne sera fait, à l'avenir, tant dans l'ordre civil que dans l'ordre militaire, qu'une nomination de chevalier de la Légion d'honneur sur deux extinctions, jusqu'à ce qu'une loi en ait autrement ordonné.

Il ne sera fait également qu'une nomination sur

deux extinctions dans les autres grades, jusqu'à ce qu'ils aient été ramenés aux chiffres fixés par le décret du 16 mars 1852.

A cet effet, tous les six mois, le conseil de l'Ordre arrêtera le nombre des extinctions notifiées dans le cours du semestre expiré. Ce tableau sera inséré au *Journal officiel,* et servira de base à la fixation du nombre des décorations qui pourront être accordées dans le cours du semestre suivant.

A titre de mesure transitoire, outre la première application du présent article aux six premiers mois de l'année 1873, le Gouvernement est autorisé à attribuer aux services militaires et aux services civils le nombre de décorations resté disponible sur la moitié des extinctions qui se sont produites pendant l'année 1872.

II. Les décrets portant nomination ou promotion dans la Légion d'honneur sont insérés, sous peine de nullité, au *Journal officiel* ainsi qu'au *Bulletin des lois.*

Ces décrets donnent, pour chaque nomination ou promotion, l'exposé sommaire des services qui l'ont motivée, et particulièrement s'il s'agit d'un fait méritant une récompense exceptionnelle.

Ils doivent, en outre, pour chaque promotion, indiquer la date de l'obtention du grade précédent.

III. Les projets de décrets portant nomination ou

promotion dans l'Ordre de la Légion d'honneur seront communiqués au conseil de l'Ordre, qui vérifiera si les nominations et promotions sont faites en conformité des lois, décrets et règlements en vigueur.

La déclaration rendue par le conseil de l'Ordre, à la suite de cette vérification, sera mentionnée dans chaque décret.

IV. Chaque année, un rapport, établi à la date du 31 décembre et délibéré en conseil de l'Ordre, est présenté au chef de l'État par le grand chancelier pour être mis à l'appui du budget de la Légion d'honneur. Ce rapport fait connaître la situation générale de l'Ordre et l'ensemble des mouvements survenus pendant l'année écoulée.

V. Les dispositions contenues dans les paragraphes 1er et 3 de l'article 1er et dans les articles précédents sont applicables à la MÉDAILLE MILITAIRE[1].

Indépendamment des médailles à donner aux

1. Cet article a été modifié de la manière suivante par la loi du 25 janvier 1875 :

« *Article unique.* La proportion des médailles militaires à accorder aux militaires et marins en activité de service, fixée par la loi du 25 juillet 1873 sur les récompenses nationales à la moitié des extinctions survenues parmi les décorés de cette médaille, est élevée aux deux tiers desdites extinctions. »

armées de terre et de mer par suite d'extinctions, le Gouvernement est autorisé à concéder jusqu'à *quatre cents médailles* aux militaires et marins qui ont été blessés dans la dernière guerre et qui remplissent les conditions voulues pour l'obtention de cette récompense honorifique.

VI. Un règlement rendu dans la forme des règlements d'administration publique déterminera les peines à infliger pour les actions qui ne peuvent être l'objet d'aucune poursuite devant les tribunaux ou les conseils de guerre, et qui cependant attentent à l'honneur d'un membre de la Légion.

VII. Le décret du 28 octobre 1870, sur la Légion d'honneur, est abrogé [1].

1. *Décret portant abolition, pour l'avenir, de la Légion d'honneur en tant qu'ordre civil.*

Du 28 octobre 1870.

Le Gouvernement de la défense nationale

Décrète :

A l'avenir, la décoration de la Légion d'honneur sera exclusivement réservée à la récompense des services militaires et des actes de bravoure et de dévouement accomplis en présence de l'ennemi.

Fait à l'Hôtel de ville de Paris, le 28 octobre 1870.

Signé : Gal Trochu, Garnier-Pagès, Jules Simon, Henri Rochefort, Eug. Pelletan, Emm. Arago, Jules Ferry, Jules Favre.

VIII. Les nominations et promotions faites dans la Légion d'honneur ne pourront être attaquées ou annulées pour cause de violation du décret du 28 octobre 1870.

Délibéré en séances publiques, à Versailles, les 24 janvier, 5 et 25 juillet 1873.

Le président, signé : L. BUFFET.

Les secrétaires, signé : L. GRIVART, FÉLIX VOISIN, ALBERT DESJARDINS, E. DE CAZENOVE DE PRADINES.

LE PRÉSIDENT DE LA RÉPUBLIQUE PROMULGUE LA PRÉSENTE LOI.

Signé : Mal DE MAC MAHON,
DUC DE MAGENTA.

Le garde des sceaux, ministre de la justice,
Signé : ERNOUL.

DÉCRET

ÉLEVANT LES DROITS A PERCEVOIR PAR LA GRANDE CHANCELLERIE DE LA LÉGION D'HONNEUR EN CE QUI CONCERNE LES BREVETS DE LA LÉGION D'HONNEUR ET CEUX DES DÉCORATIONS ÉTRANGÈRES.

Du 22 mars 1875.

LE PRÉSIDENT DE LA RÉPUBLIQUE FRANÇAISE,

Vu les articles 4, 5, 6, 7 et 8 du décret du 16 mars 1853, relatif à la délivrance des brevets de la Légion d'honneur, et notamment l'article 7, § 2, lequel est ainsi conçu :

« Ces dépenses couvertes (frais de brevets, etc.), le surplus de l'excédant servira à augmenter le fonds de secours affecté aux membres et aux orphelines de la Légion d'honneur. »

Vu les articles 10, 11 et 12 du décret du 10 juin 1853, relatif à la législation des ordres étrangers, et notamment l'article 12, lequel est ainsi conçu :

« Les produits des droits de chancellerie seront employés à augmenter le fonds de secours affecté aux membres et aux orphelines de la Légion d'honneur » ;

Vu la loi de finances du 29 décembre 1873, qui admet les veuves des légionnaires à participer aux secours réservés exclusivement, jusqu'alors, aux membres et aux orphelines de la Légion d'honneur ;

Vu la loi sur les récompenses nationales, du 25 juillet 1873, portant qu'il ne sera fait, à l'avenir, dans la Légion d'honneur, tant dans l'ordre civil que dans l'ordre militaire, qu'une nomination ou promotion sur deux extinctions, jusqu'à ce qu'une loi en ait autrement ordonné ;

Considérant que ces diverses dispositions ont eu

pour résultat de diminuer très-sensiblement les recettes en ce qui concerne les brevets de la Légion d'honneur, dont le produit moyen est tombé de 48,000 francs à 17,000 francs, et d'augmenter les demandes de secours dans de très-notables proportions, par le seul fait de l'adjonction des veuves au nombre des parties prenantes;

Qu'en conséquence, il est de toute nécessité d'élever les droits de chancellerie, fixés par les décrets des 16 mars et 10 juin 1853, en proportion des charges auxquelles la grande chancellerie doit faire face aujourd'hui;

Sur la proposition du grand chancelier de la Légion d'honneur;

Le conseil de l'Ordre entendu,

Décrète :

Art. Ier. A partir de la date du présent décret il sera perçu, par la grande chancellerie de la Légion d'honneur, à titre de droits de chancellerie, savoir :

1° En ce qui concerne les brevets de la Légion d'honneur :

Par brevet de chevalier, vingt-cinq francs, au lieu de douze francs ;

Par brevet d'officier, cinquante francs, au lieu de vingt-cinq francs;

Par brevet de commandeur, quatre-vingts francs, au lieu de quarante francs ;

Par brevet de grand officier, cent vingt francs, au lieu de soixante francs ;

Par brevet de grand-croix, deux cents francs, au lieu de cent francs.

2° En ce qui concerne les décorations étrangères :

Pour une décoration portée :

A la boutonnière, cent francs, au lieu de soixante francs ;

En sautoir, cent cinquante francs, au lieu de cent francs ;

Avec plaque, deux cents francs, au lieu de cent cinquante francs ;

En écharpe, trois cents francs, au lieu de deux cents francs.

II. Les soldats, sous-officiers et officiers, en activité de service, jusques et y compris le grade de capitaine dans l'armée de terre, et de lieutenant de vaisseau dans l'armée de mer, continueront, comme par le passé, à bénéficier de l'exemption des droits de chancellerie qui leur est accordée par les articles 5 et 11 des décrets des 16 mars et 10 juin 1853, ci-dessus visés.

III. Le garde des sceaux, ministre de la justice, et le grand chancelier de la Légion d'honneur, sont chargés, chacun en ce qui le concerne, de l'exécution du présent décret.

Fait à Versailles, le 22 mars 1875.

M[al] DE MAC MAHON,
DUC DE MAGENTA.

Par le président de la République : *Le garde des sceaux, ministre de la justice*, signé : J. DUFAURE.

Vu pour l'exécution : *Le grand chancelier de la Légion d'honneur*, signé : VINOY.

MAISONS D'ÉDUCATION

DE LA LÉGION D'HONNEUR.

STATUT

NAPOLÉON, par la grâce de Dieu et la volonté nationale, EMPEREUR DES FRANÇAIS, à tous présents et à venir, SALUT.

Vu les décrets des 29 mars 1809 et 15 juillet 1810, portant organisation des maisons impériales Napoléon de la Légion d'honneur ;

Vu les statuts de réorganisation des 3 mars et

16 mai 1816 et 23 avril 1821, et les différentes ordonnances et décisions intervenues depuis, notamment l'ordonnance du 1er novembre 1828 et notre décret du 22 décembre 1853 ;

Considérant qu'il importe de coordonner et de réunir dans un seul et même statut les diverses dispositions des décrets et ordonnances précités, en tenant compte des modifications qui y ont été apportées et de celles dont l'expérience a fait reconnaître la nécessité ;

Sur le rapport de notre grand chancelier de l'Ordre de la Légion d'honneur,

Et de l'avis du conseil de l'Ordre,

AVONS DÉCRÉTÉ ET DÉCRÉTONS ce qui suit :

ART. Ier. Les maisons destinées à l'éducation des filles des membres de la Légion d'honneur sont :

La *Maison impériale Napoléon de Saint-Denis*,

Et les deux succursales : la *Maison impériale Napoléon d'Écouen* et la *Maison impériale Napoléon des Loges*.

Elles sont placées sous la surveillance et l'autorité de notre grand chancelier de la Légion d'honneur.

TITRE Ier.

NOMBRE DES ÉLÈVES ET CONDITIONS DE LEUR ADMISSION ET DE LEUR SORTIE.

II. Le nombre des places gratuites est fixé à huit cents, dont quatre cents pour la maison de Saint-Denis et quatre cents pour les deux succursales.

Les places gratuites dans la maison impériale Napoléon de Saint-Denis sont réservées exclusivement aux filles légitimes des membres de la Légion d'honneur sans fortune, ayant au moins le grade de capitaine et au-dessus, ou une position civile correspondant à ce grade.

Les filles légitimes des légionnaires des grades inférieurs, jusqu'à celui de soldat inclusivement, peuvent être admises dans les succursales d'Écouen et des Loges.

Il ne peut être accordé qu'une seule place gratuite par famille.

III. Des élèves pensionnaires aux frais des familles pourront être admises dans les maisons impériales Napoléon.

Le nombre en est fixé à cinquante pour la maison de Saint-Denis, et à quarante pour les deux succursales.

IV. Dans le cas où des élèves gratuites viendraient à décéder dans les maisons impériales ou seraient obligées d'en sortir définitivement, pour cause de maladie ou faiblesse de constitution dûment constatée, avant d'avoir accompli la moitié du temps qu'elles auraient eu le droit d'y passer, notre grand chancelier pourra autoriser l'une de leurs sœurs à les remplacer, selon les circonstances et la situation des familles.

Les élèves admises ainsi à titre de remplaçantes devront remplir les conditions imposées aux élèves gratuites par les articles 2, 7 et 14 du présent décret; leur séjour dans les maisons impériales ne pourra excéder le temps que leurs sœurs auraient dû y passer.

V. Les places d'élèves pensionnaires sont données aux filles, petites-filles, sœurs, nièces ou cousines des membres de la Légion d'honneur.

VI. Les élèves gratuites et pensionnaires sont nommées par nous, sur la présentation de notre grand chancelier de la Légion d'honneur.

VII. Toute jeune fille, pour être admise dans les maisons impériales Napoléon, doit :

1° Être âgée de neuf ans au moins et de onze ans au plus;

2° Produire un certificat de médecin constatant qu'elle a eu la petite vérole ou qu'elle a été vaccinée; qu'elle n'a aucun vice de conformation et qu'elle n'est affectée d'aucune maladie chronique ou contagieuse;

3° Être en état de subir, au moment de son admission, un examen constatant qu'elle sait lire et écrire, et qu'elle possède les éléments du catéchisme et les premières notions d'histoire sainte et de grammaire.

VIII. Les parents de l'élève gratuite ou pensionnaire remettent l'engagement d'une personne connue et agréée par l'administration, ayant son domicile à Paris, qui recevra l'élève à sa sortie des maisons impériales pour quelque motif que ce soit.

Les parents de l'élève pensionnaire fournissent, en outre, l'engagement d'une personne également connue et agréée de l'administration, ayant son domicile à Paris, qui payera la pension annuelle par trimestre et d'avance.

IX. La sortie des élèves est fixée à dix-huit ans; cependant les parents pourront les retirer avant cet âge, avec l'agrément de notre grand chancelier, si leur éducation est terminée ou si d'autres raisons l'exigent.

TITRE II.

DE L'ÉDUCATION ET DE L'INSTRUCTION DES ÉLÈVES.

X. La religion est la base de l'enseignement.

XI. Les élèves entendent la messe tous les jours;

il y a, les dimanches et fêtes reconnues, la grand'-messe, les vêpres et une instruction à la portée des élèves.

Les offices sont chantés par les élèves.

XII. Les élèves reçoivent des leçons de lecture, d'écriture, d'arithmétique, de grammaire, d'histoire, de géographie, de cosmographie et de botanique usuelle, et les leçons de danse nécessaires à leur maintien et à leur santé.

Elles peuvent aussi, suivant leur aptitude, recevoir des leçons de musique et de dessin.

XIII. Les élèves font leurs robes, leur linge et celui de la maison.

On leur enseigne tout ce qui peut être utile à une mère de famille, comme la préparation des aliments et les travaux de buanderie.

TITRE III.

DISPOSITIONS SPÉCIALES A LA MAISON IMPÉRIALE NAPOLÉON DE SAINT-DENIS.

XIV. Avant l'entrée d'une élève gratuite ou pensionnaire, les parents payent la somme de 300 francs, représentant la valeur du trousseau qui lui est fourni.

XV. Le prix de la pension d'une élève gratuite est fixé à 900 francs [1].

1. Ce prix a été porté à 1,000 francs à partir du 1er janvier 1877.

Celui de la pension d'une élève aux frais de sa famille est de la même somme, payable par trimestre et d'avance.

XVI. Le prix de la pension, fixé comme ci-dessus, est employé intégralement aux dépenses de nourriture et d'habillement des dames, des élèves et filles de service, d'instruction, d'entretien du mobilier, de la lingerie, de journées d'ouvriers et d'ouvrières, à l'entretien des bâtiments et aux grosses réparations.

XVII. Les traitements des dames, aumôniers, médecins, professeurs externes, et les gages des gens de service (dépenses qui ne sont pas comprises dans le prix de la pension des élèves), devront être l'objet d'un crédit spécial.

TITRE IV[1].

DES DAMES.

XVIII. La maison est régie par une surintendante nommée par nous, sur la présentation de notre grand chancelier de la Légion d'honneur.

XIX. La surintendante, au moment de son installation, prête, entre les mains de notre grand chancelier, le serment suivant :

1. Voir ci-après le décret impérial du 29 juin 1864, qui a modifié ce titre.

« Je jure devant Dieu d'être fidèle à l'Empereur, de remplir les obligations qui me sont prescrites et de ne me servir de l'autorité qui m'est confiée que pour former des élèves attachées à leur religion, à l'Empereur et à leurs parents; d'être, pour chaque élève, une seconde mère, et de les préparer, par l'exemple des bonnes mœurs et du travail, aux devoirs d'épouse vertueuse et de bonne mère de famille qu'elles seront un jour appelées à remplir. »

XX. Il y a cinq dignitaires, douze dames de première classe, trente-trois dames de deuxième classe, dix dames novices, dix demoiselles novices [1] et vingt postulantes au noviciat.

XXI. Les dignitaires sont :

1° Une inspectrice, qui a autorité dans la maison après la surintendante et qui la remplace dans toutes ses fonctions en cas d'absence ou de maladie;

2° Une directrice des études;

3° Une économe trésorière;

4° Une dépositaire de la lingerie et de la roberie;

5° Une directrice des infirmeries et de la pharmacie.

1. Cet emploi a été supprimé par le décret du 29 juin 1864, reproduit ci-après.

XXII. Les dignitaires, présidées par la surintendante, composent le conseil d'administration; la voix de la surintendante, en cas de partage, est prépondérante.

XXIII. Les dames de première et de deuxième classe, les dames novices, les demoiselles novices et les postulantes au noviciat, remplissent les fonctions d'institutrices, de maîtresses de musique, de dessin, de surveillantes des classes, parloirs, infirmeries, etc.

XXIV. Les dignitaires, les dames de première et de deuxième classe, les dames et demoiselles novices et les postulantes au noviciat, sont prises parmi les élèves de la maison.

Il n'y a d'exception que dans le cas où la maison ne peut fournir les sujets nécessaires aux différents genres de talents ou de fonctions.

XXV. Aucune dame ou demoiselle ne peut être promue à une classe ou à un grade sans avoir passé successivement par les classes ou grades inférieurs.

XXVI. Les postulantes au noviciat sont choisies, avec le consentement des parents, parmi les élèves qui, ayant terminé leurs études, ont atteint l'âge de dix-huit ans.

XXVII. Les élèves qui demandent le titre de postulantes doivent passer, devant le conseil de la maison, auquel seront adjointes trois dames de première ou de deuxième classe, un examen sur toutes les parties de l'enseignement, y compris les travaux d'aiguille.

XXVIII. Le résultat de l'examen est transmis au grand chancelier, qui prononce, s'il y a lieu, l'admission au postulat.

XXIX. Les demoiselles novices sont choisies parmi les postulantes ayant au moins deux années d'exercice.

XXX. Les dames novices sont choisies parmi les demoiselles novices ayant au moins deux années d'exercice et qui auront subi un second examen, dont notre grand chancelier déterminera le mode et le programme.

XXXI. Les dames de deuxième classe sont choisies parmi les dames novices ayant au moins deux années d'exercice.

XXXII. Les dames de première classe sont choisies parmi les dames de deuxième classe ayant au moins cinq années d'exercice.

XXXIII. Les dignitaires sont choisies parmi les dames de première classe ayant au moins six années d'exercice.

XXXIV. Pour les nominations de dames et demoiselles novices, de dames de première et de deuxième classe, et pour celles de dignitaires, les dignitaires, réunies en conseil, présentent trois candidats pour chaque place vacante ; la surintendante transmet ces présentations, avec son avis motivé, à notre grand chancelier, qui nomme.

Il est produit, à l'appui de chaque présentation, un certificat du médecin en chef de la maison impériale sur la constitution et l'aptitude physique des concurrentes.

XXXV. Les dignitaires, les dames de première et de deuxième classe et les dames novices, prêtent, entre les mains de notre grand chancelier, le serment suivant :

« Je jure devant Dieu d'être fidèle à l'Empereur, de remplir les obligations qui me sont prescrites; de concourir de tous mes moyens à former des élèves attachées à la religion, à l'Empereur et à leurs parents, et d'obéir à Mme la surintendante dans tout ce qu'elle me commandera pour le service et le bien de la maison impériale. »

XXXVI. La surintendante assigne aux dames de première et de deuxième classe, aux dames et demoiselles novices, les fonctions qu'elles doivent exercer, après avoir pris les ordres de notre grand chancelier.

XXXVII. La surintendante, les dignitaires, les dames de première et de deuxième classe, les dames et demoiselles novices assistent à tous les offices divins et remplissent dans la maison, en présence des élèves, tous les devoirs de la religion.

TITRE V.

DE LA DÉCORATION DES DAMES.

XXXVIII. La surintendante, les dames, les novices et les postulantes de la maison impériale de Saint-Denis, portent la distinction honorifique dont la forme et les ornements sont ci-après détaillés :

Croix à quatre branches émaillées de blanc, avec des rayons en or poli dans les entre-deux, et surmontée de la couronne impériale. Le centre est un médaillon de forme ovale, représentant la Vierge, émaillée sur un fond d'or rayonnant, avec la légende émaillée bleu, lettres réservées en or, et portant ces mots : *Maison de Saint-Denis.*

L'autre côté de la croix est émaillé bleu, en plein dans le milieu, portant ces mots réservés en or : *Honneur et Patrie*, et autour : *Légion d'honneur,* également sur fond bleu.

La croix est en argent pour les dames et demoiselles novices, en or pour la surintendante, les dignitaires et les dames de première et de deuxième classe.

XXXIX. La surintendante porte le grand ruban de la Légion d'honneur passant de l'épaule droite au côté gauche, et au bas duquel est attachée la décoration, dont le diamètre est de 55 millimètres.

Les dignitaires portent la décoration en sautoir, attachée à un ruban de la largeur de celui de commandeur de la Légion d'honneur; le diamètre de cette décoration est de 48 millimètres.

Les dames de première classe portent la décoration à l'épaule gauche, attachée au ruban d'officier de la Légion d'honneur.

Les dames de deuxième classe portent la même décoration à l'épaule gauche, attachée au ruban de chevalier de la Légion d'honneur.

Les dames novices portent la décoration en argent à l'épaule gauche, attachée au ruban de la Légion d'honneur.

Les demoiselles novices portent la même décoration, mais sans la couronne impériale.

Les décorations des dames de première et de deuxième classe et des novices ont 40 millimètres de diamètre.

Les postulantes portent seulement, à l'épaule gauche, le ruban de chevalier de la Légion d'honneur.

XL. Aucune dame ne peut porter la décoration à l'extérieur de la maison impériale.

TITRE VI.

DU RÉGIME INTÉRIEUR, DE LA POLICE ET DE LA DISCIPLINE.

XLI. Il y a un costume uniforme pour les dames et les élèves, les aides, filles de service, etc.; il est fourni aux frais de la maison; notre grand chancelier en détermine l'étoffe et la couleur.

XLII. Les dames et les novices mangent à la même table que les élèves. Les dignitaires réunies prennent leur repas au réfectoire, après celui des élèves.

La surintendante seule peut avoir une table particulière.

XLIII. Les dignitaires, les dames, les novices, les élèves et les filles de service sont soignées dans des infirmeries séparées et distinctes.

Il est expressément défendu de traiter aucune malade dans les chambres ou dans les dortoirs.

XLIV. La clôture est de rigueur pour la surintendante, les dames, les novices et les élèves.

Néanmoins la surintendante peut s'absenter de la maison impériale avec l'autorisation de notre grand chancelier, qui accorde aussi, par exception, aux dignitaires, dames, novices et élèves, des congés de santé ou de convalescence, d'après des certificats motivés du médecin en chef de l'établissement, transmis par la surintendante.

Notre grand chancelier peut également accorder des congés de courte durée pour des affaires de famille constatées par la surintendante, pourvu cependant que le service de la maison n'en souffre pas.

XLV. Il y a, tous les ans, deux vacances : les premières à Pâques, dont la durée est de huit jours, et les secondes au mois d'août, dont la durée est de six semaines.

Notre grand chancelier règle la proportion dans laquelle les dignitaires, dames et novices peuvent participer à ces vacances.

XLVI. Il y a un parloir pour les dignitaires, et un autre pour les dames.

Les élèves ont un parloir particulier, surveillé par une dame, chargée spécialement de ce service.

Aucune dame de la maison impériale ne peut entrer dans le parloir des élèves, excepté la surintendante et l'inspectrice.

XLVII. Les demoiselles novices, les postulantes et les élèves ne sont autorisées à voir, dans la partie intérieure du parloir, que leurs père et grand-père, mère et grand'mère, et, à leur défaut, leurs tuteur et tutrice. Elles ne peuvent voir leurs autres parents ou amis qu'à travers la grille.

XLVIII. Si une demoiselle novice, une postulante ou une élève est atteinte, pendant son séjour à la maison, de maladies contagieuses ou incurables, elle est rendue à sa famille.

XLIX. Lorsqu'une postulante ou une élève aura commis des fautes graves, ou si, par sa conduite habituelle, son caractère ou ses mauvaises dispositions, elle peut être d'un exemple nuisible au bon ordre et à la discipline de la maison impériale, notre grand chancelier, d'après l'avis motivé de la surintendante, ordonnera qu'elle soit rendue immédiatement à sa famille.

L. Lorsque des dames ou novices auront manqué d'une manière grave à leurs devoirs ou à la subordination, la surintendante les fera comparaître devant le conseil de la maison impériale, qui les entendra dans leurs moyens de défense ; la délibération du conseil sera transmise à notre grand chancelier, qui prononcera, s'il y a lieu, le renvoi.

S'il s'agit de dignitaires, la surintendante en référera à notre grand chancelier, qui statuera, sous notre approbation.

En ce qui concerne la conduite de la surintendante, notre grand chancelier, après avoir fait une enquête, prendra nos ordres.

LI. Les princes de la famille impériale et du sang, l'archevêque de Paris, notre grand chancelier et le secrétaire général de la grande chancellerie, ont seuls le droit d'entrer dans la maison impériale.

Aucune autre personne ne peut y entrer sans une autorisation expresse de notre grand chancelier.

TITRE VII.

DU CONSEIL D'ADMINISTRATION, DES TRAITEMENTS ET DES DÉPENSES.

LII. Le traitement de la surintendante est fixé à 9,000 francs;

Celui de la dignitaire inspectrice, à 2,400 francs;

Celui d'une dignitaire, à 2,000 francs;

Celui d'une dame de première classe, à 1,200 fr.;

Celui d'une dame de deuxième classe, à 800 fr.;

Celui d'une dame novice, à 400 fr.

LIII. Les dépenses de la maison impériale Napoléon de Saint-Denis sont toutes liquidées et ordonnancées par notre grand chancelier.

Les sommes relatives aux traitements des dames, aumôniers, médecins, professeurs externes, et aux gages des gens de service, sont versées, chaque mois, entre les mains de la dignitaire économe trésorière, qui est chargée d'en faire la répartition d'après les états qui sont émargés par les parties prenantes.

Les autres dépenses de la maison impériale sont payées directement aux ayants droit par la caisse des dépôts et consignations, sur la présentation de lettres d'avis délivrées par la grande chancellerie.

LIV. Dans le courant du dernier trimestre de chaque année, le conseil de la maison impériale arrête les états de répartition, entre les diverses masses, des dépenses présumées de l'année suivante. Ces états sont soumis à l'approbation de notre grand chancelier par la surintendante.

TITRE VIII.

SUCCURSALES DE LA MAISON IMPÉRIALE NAPOLÉON DE SAINT-DENIS.

LV. Les succursales de la maison impériale Napoléon de Saint-Denis sont desservies par la congrégation religieuse existant sous le nom de *Congrégation de la Mère de Dieu.*

TITRE IX.

DES PENSIONS, TROUSSEAUX ET AUTRES DÉPENSES DES MAISONS SUCCURSALES.

LVI. Le prix de la pension d'une élève gratuite ou pensionnaire est fixé à 600 francs par an [1].

1. Ce prix a été porté à 700 francs à partir du 1er janvier 1877.

Le montant de ces pensions est payé par la Légion d'honneur, par douzième et d'avance, sur quittance de la supérieure générale.

LVII. La grande chancellerie pour les élèves gratuites, et les parents pour les élèves pensionnaires, payent également la somme de 200 francs, représentant la valeur du trousseau fourni par les succursales[1].

LVIII. Il est alloué une somme de 40,000 francs par an pour les dépenses particulières de la congrégation[2]. Cette allocation est payée mensuellement et d'avance.

LIX. Des crédits spéciaux sont accordés pour les traitements des aumôniers, médecins, professeurs externes et gens de service, et pour l'entretien des bâtiments et les grosses réparations.

LX. Le nombre des élèves présentes est constaté, tous les ans, par des états de revue dressés par la supérieure générale et visés par notre grand chancelier.

Ces états déterminent le solde à payer, en fin d'année, pour les pensions des élèves.

LXI. Au moyen des crédits accordés conformé-

1. La valeur de ce trousseau a été élevée, par décret du 29 juin 1864, à la somme de 250 francs.

2. Cette allocation a été élevée, par décret du 29 juin 1864, à la somme de 50,000 francs.

ment aux articles 56, 57, 58 et 59, il est pourvu à toutes les dépenses des deux succursales.

LXII. Les comptes des recettes et des dépenses sont arrêtés, chaque mois, par le conseil d'administration des succursales et transmis à notre grand chancelier pour être soumis à son approbation.

LXIII. Les dépenses pour traitements des aumôniers, médecins et autres personnes attachées aux succursales, et pour travaux d'entretien des bâtiments ou grosses réparations, sont payées par les soins de la grande chancellerie.

LXIV. Dans le courant du dernier trimestre de chaque année, le conseil d'administration des succursales arrête les états de répartition, entre les diverses masses, des dépenses présumées de l'année suivante. Ces états sont soumis, par la supérieure générale, à l'approbation de notre grand chancelier.

TITRE X.

DU RÉGIME INTÉRIEUR, DE LA POLICE ET DE LA DISCIPLINE.

LXV. Le costume des élèves est uniforme et semblable à celui que notre grand chancelier aura arrêté pour les élèves de la maison impériale Napoléon de Saint-Denis.

LXVI. Il y a des infirmeries distinctes et séparées pour les dames religieuses et les élèves.

Il est expressément interdit de traiter aucune élève malade dans les dortoirs.

LXVII. La clôture est de rigueur pour les élèves. Cependant notre grand chancelier peut accorder des congés de santé ou de convalescence, d'après les certificats motivés des médecins, transmis par la supérieure générale.

Il peut aussi accorder des congés de courte durée pour des affaires de famille dûment constatées.

LXVIII. Les élèves des succursales jouissent des mêmes vacances accordées à la maison impériale Napoléon de Saint-Denis, conformément à l'article 45.

LXIX. Il y a un parloir pour les élèves, qui ne sont autorisées à voir dans la partie intérieure que leurs père et grand-père, mère et grand'mère, et, à leur défaut, leurs tuteur et tutrice. Elles ne voient leurs autres parents ou amis qu'à travers la grille.

LXX. Si une élève est atteinte, pendant son séjour dans les succursales, de maladies contagieuses ou incurables, elle est rendue immédiatement à sa famille.

LXXI. Lorsqu'une élève aura commis des fautes graves, notre grand chancelier, sur le rapport de la supérieure générale, ordonnera sa sortie définitive.

LXXII. Aucune personne ne peut entrer dans l'intérieur des succursales, à l'exception de celles qui ont le droit de pénétrer dans l'intérieur de la maison impériale Napoléon de Saint-Denis, comme il a été dit à l'article 51.

LXXIII. Sont abrogées les dispositions des décrets, ordonnances et règlements contraires au présent statut.

LXXIV. Notre ministre d'État et notre grand chancelier de l'ordre impérial de la Légion d'honneur sont chargés, chacun en ce qui le concerne, de l'exécution du présent décret.

Fait au palais de Saint-Cloud, le 14 août 1857.

Signé : NAPOLÉON.

Par l'empereur : *Le ministre d'État*,
signé : ACHILLE FOULD.

Pour l'exécution : *Le grand chancelier de l'ordre impérial de la Légion d'honneur*,
signé : DUC DE PLAISANCE.

DÉCRET

MODIFIANT LE TITRE IV DU STATUT DU 14 AOUT 1857.

Du 29 juin 1864.

NAPOLÉON, par la grâce de Dieu et la volonté nationale, EMPEREUR DES FRANÇAIS, à tous présents et à venir, SALUT :

Vu le statut des maisons d'éducation de la Légion d'honneur, en date du 14 août 1857,

Sur le rapport de notre grand chancelier de l'ordre impérial de la Légion d'honneur,

AVONS DÉCRÉTÉ ET DÉCRÉTONS ce qui suit :

ART. 1er. Les grades et les traitements du personnel de la maison impériale Napoléon de Saint-Denis seront fixés ainsi qu'il suit :

1° Une surintendante.	9,000 fr.
2° Six dignitaires, savoir :	
Une inspectrice.	2,400
Une directrice des études.	2,000
Une directrice des novices et postulantes.	2,000
Une économe trésorière.	2,000
Une dépositaire de la lingerie et de la roberie.	2,000
Une directrice des infirmeries. . . .	2,000
3° Quinze dames de première classe, à 1,200 francs.	18,000
4° Trente dames de deuxième classe, à 800 francs.	24,000
5° Vingt dames novices à 400 francs.	8,000

ART. 2. La limite d'âge, pour l'admission à la retraite, est fixée à soixante ans. Néanmoins, si l'état de leur santé le permet, les dames dignitaires pour-

ront prolonger l'activité de service jusqu'à soixante-deux ans.

Art. 3. Sont maintenues les dispositions du statut des maisons impériales Napoléon, en date du 14 août 1857, en tant qu'elles ne sont pas contraires au présent décret.

Art. 4. Le ministre de notre maison et des beaux-arts et notre grand chancelier de l'ordre impérial de la Légion d'honneur sont chargés, chacun en ce qui le concerne, de l'exécution du présent décret.

Fait au palais des Tuileries, le 29 juin 1864.

Signé : NAPOLÉON.

Le grand chancelier, signé : Flahault.

MÉDAILLE MILITAIRE

INSTITUTION DE LA MÉDAILLE MILITAIRE

PAR L'ARTICLE XI DU DÉCRET QUI RESTITUE AU DOMAINE DE L'ÉTAT LES BIENS MEUBLES ET IMMEUBLES QUI SONT L'OBJET DE LA DONATION FAITE LE 7 AOUT 1830 PAR LE ROI LOUIS-PHILIPPE.

Du 22 janvier 1852.

LOUIS-NAPOLÉON, PRÉSIDENT DE LA RÉPUBLIQUE FRANÇAISE,

DÉCRÈTE :

. . . .

XI. Il est créé une médaille militaire, donnant droit à 100 francs de rente viagère, en faveur des soldats et sous-officiers de l'armée de terre et de mer placés dans les conditions qui seront fixées par un règlement ultérieur.

XII. Un château national servira de maison d'éducation aux filles ou orphelines indigentes des familles dont les chefs auraient obtenu cette médaille.

. . . .

Fait au palais des Tuileries, le 22 janvier 1852.

Signé : LOUIS-NAPOLÉON.

Par le président de la République : *Le ministre d'État*, signé : X. DE CASABIANCA.

DÉCRET

RELATIF A LA FORME DE LA MÉDAILLE MILITAIRE INSTITUÉE PAR LE DÉCRET DU 22 JANVIER 1852.

LOUIS-NAPOLÉON, PRÉSIDENT DE LA RÉPUBLIQUE FRANÇAISE,

Vu le décret du 22 janvier 1852 (article 11), portant création « d'une Médaille militaire, donnant droit à 100 francs de rente viagère, en faveur des soldats et sous-officiers des armées de terre et de mer placés dans les conditions qui seront déterminées par un règlement ultérieur »;

Sur le rapport du ministre de la guerre et l'avis conforme du ministre de la marine,

DÉCRÈTE :

ART. Ier. La Médaille militaire instituée par l'article 11 du décret du 22 janvier 1852 sera en argent et d'un diamètre de 28 millimètres.

Elle portera d'un côté l'effigie de Louis-Napoléon, avec son nom pour exergue, et de l'autre côté, dans l'intérieur du médaillon, la devise : *Valeur et Discipline ;* elle sera surmontée d'une aigle.

II. Les militaires et marins qui auront obtenu la médaille la porteront attachée par un ruban jaune avec un liséré vert sur le côté gauche de la poitrine.

III. La Médaille pourra se porter simultanément avec la croix de la Légion d'honneur.

La rente viagère de 100 francs attachée à chaque Médaille accordée est, comme le traitement de la Légion d'honneur, incessible et insaisissable.

Elle peut se cumuler avec toute allocation ou pension sur les fonds de l'État ou des communes, mais non avec le traitement alloué aux membres de la Légion d'honneur.

IV. La Médaille militaire est accordée par le président de la République, sur la proposition du ministre de la guerre ou de la marine, aux militaires ou marins qui réuniront les conditions déterminées ci-après.

V. La Médaille pourra être donnée :

1° Aux sous-officiers, caporaux ou brigadiers, soldats ou marins qui se seront rengagés après avoir fait un congé, ou à ceux qui auront fait quatre campagnes effectives ;

2° A ceux dont les noms auront été cités à l'ordre de l'armée, quelle que soit leur ancienneté de service ;

3° A ceux qui auront reçu une ou plusieurs blessures en combattant devant l'ennemi ou dans un service commandé ;

4° A ceux qui se seront signalés par un acte de courage ou de dévouement méritant récompense.

VI. Les dispositions qui précèdent sont applicables à tous les employés, gardes ou agents militaires qui, dans les armées de terre ou de mer, ne sont pas traités ou considérés comme officiers.

VII Les ministres de la guerre et de la marine, ainsi que le grand chancelier de la Légion d'honneur, sont chargés, chacun en ce qui le concerne, de l'exécution du présent décret.

Fait au palais des Tuileries, le 29 février 1852.

Signé : LOUIS-NAPOLÉON.

Par le prince-président : *Le ministre de la guerre*, signé : A. DE SAINT-ARNAUD.

Le ministre de la marine et des colonies, signé : TH. DUCOS.

DÉCRET

PORTANT QUE LA VALEUR DES MÉDAILLES MILITAIRES SERA IMPUTÉE SUR LA PREMIÈRE ANNUITÉ A PAYER AUX TITULAIRES.

LOUIS-NAPOLÉON, PRÉSIDENT DE LA RÉPUBLIQUE FRANÇAISE,

Vu le décret du 22 janvier 1852, portant création de la Médaille militaire;

Vu le décret du 29 février suivant, portant règlement de la Médaille militaire;

Sur la proposition du grand chancelier de l'ordre de la Légion d'honneur,

DÉCRÈTE :

ART. Ier. La valeur des médailles militaires sera imputée sur la première annuité à payer aux titulaires.

II. Le ministre d'État et le grand chancelier de la Légion d'honneur sont chargés, chacun en ce qui le concerne, de l'exécution du présent décret.

Fait au palais de Saint-Cloud, le 9 novembre 1852.

Signé : LOUIS-NAPOLÉON.

Par le président : *Le ministre d'État*, signé : ACHILLE FOULD.

Vu : *Le grand chancelier*, Gal Cte D'ORNANO.

RAPPORT

AU PRINCE-PRÉSIDENT DE LA RÉPUBLIQUE AYANT POUR BUT D'ÉTENDRE A DIVERSES CATÉGORIES D'OFFICIERS GÉNÉRAUX LE PRIVILÉGE DE LA CONCESSION DE LA MÉDAILLE MILITAIRE.

Paris, le 13 juin 1852.

MONSEIGNEUR,

Vous avez bien voulu décider que les maréchaux de France porteraient, par exception, la Médaille militaire, instituée spécialement en faveur des sous-officiers et soldats, par vos décrets des 22 janvier et 29 février 1852.

J'ai l'honneur de vous proposer d'étendre ce glorieux privilége aux généraux qui ont rempli les fonctions de ministre sous votre gouvernement ou qui ont exercé des commandements en chef.

Ces généraux seront fiers de recevoir ce noble insigne, qui leur rappellera leurs premiers pas dans la carrière des armes, et le soldat, en le voyant briller sur leur poitrine, comprendra combien cette récompense a de valeur à vos yeux.

Je suis avec le plus profond respect,

MONSEIGNEUR,

Votre très-humble et très-dévoué serviteur.

Le ministre de la guerre, signé : A. DE SAINT-ARNAUD.

Approuvé : signé LOUIS-NAPOLÉON.

DECRET

PORTANT QUE LES SOUS-OFFICIERS ET SOLDATS AMPUTÉS AUXQUELS LA MÉDAILLE MILITAIRE AURA ÉTÉ CONFÉRÉE APRÈS LEUR ADMISSION A LA RETRAITE AURONT DROIT AU TRAITEMENT AFFECTÉ A CETTE DÉCORATION.

NAPOLÉON, par la grâce de Dieu et la volonté nationale, EMPEREUR DES FRANÇAIS, à tous présents et à venir, SALUT.

Sur la proposition de notre grand chancelier de l'Ordre impérial de la Légion d'honneur;

Après avoir pris l'avis du conseil de l'Ordre;

Vu la loi du 16 juin 1837, accordant le traitement de la Légion d'honneur aux sous-officiers et soldats des armées de terre et de mer amputés par suite de leurs blessures et nommés membres de l'Ordre depuis leur admission à la retraite;

Vu également les décrets des 22 janvier et 29 février 1852, portant institution de la Médaille militaire;

Considérant qu'il est juste de faire jouir les décorés de la Médaille militaire qui se trouvent dans les conditions voulues par la loi du 16 juin 1837 des avantages que cette loi accorde aux membres de la Légion d'honneur,

Avons décrété et décrétons ce qui suit :

Art. Ier. Les sous-officiers et soldats des armées de terre et de mer amputés par suite de blessures reçues étant en activité de service, et auxquels la Médaille militaire aura été conférée après leur admission à la retraite, auront droit au traitement de 100 francs affecté à cette décoration.

II. Notre ministre d'État et notre grand chancelier de l'Ordre impérial de la Légion d'honneur sont chargés, chacun en ce qui le concerne, de l'exécution du présent décret.

Fait au palais des Tuileries, le 9 février 1855.

Signé : NAPOLÉON.

Par l'empereur : *Le ministre d'État*,
signé : Achille Fould.

Vu pour l'exécution : *Le grand chancelier*,
signé : Duc de Plaisance.

ORDRES ÉTRANGERS

EXTRAIT

EN CE QUI CONCERNE LES ORDRES ÉTRANGERS DE L'ORDONNANCE DU ROI DU 26 MARS 1816 SUR LA LÉGION D'HONNEUR.

TITRE VIII.

ART. LXVII. Tous les ordres étrangers sont dans les attributions du grand chancelier de l'ordre royal de la Légion d'honneur.

. . . .

LXIX. Notre grand chancelier nous présente :

1° Les rapports, projets d'ordonnances, règlements et décisions concernant l'Ordre de la Légion et les ordres étrangers;

. . . .

4° Prend nos ordres à l'égard des ordres étrangers conférés à nos sujets, qui l'en informent;

5° Transmet les autorisations de les accepter et de les porter.

. . . .

LXXI. Toutes les dispositions antérieures contraires à celles de la présente ordonnance sont abrogées.

LXXII. Nos ministres et notre grand chancelier de l'Ordre royal de la Légion d'honneur sont chargés, chacun en ce qui le concerne, de l'exécution de la présente ordonnance.

Donné au château des Tuileries, le 26 mars de l'an de grâce 1816, et de notre règne le vingt et unième.

Signé : LOUIS.

ORDONNANCE DU ROI

CONCERNANT LES ORDRES FRANÇAIS ET ÉTRANGERS.

LOUIS, par la grâce de Dieu, ROI DE FRANCE ET DE NAVARRE,

Vu l'article 259 du Code pénal, ainsi conçu : « Toute personne qui aura publiquement porté un costume, un uniforme ou une décoration qui ne lui appartenait pas, ou qui se sera attribué des titres royaux qui ne lui auraient pas été légalement conférés, sera punie d'un emprisonnement de six mois à deux ans » ;

Vu les articles 67 et 69 de notre ordonnance du 26 mars 1816, portant : « Tous les ordres étrangers sont dans les attributions du grand chancelier de l'ordre royal de la Légion d'honneur ; il prend nos ordres à l'égard des ordres étrangers conférés à nos sujets, et transmet les autorisations de les accepter et de les porter » ;

Etant informé que plusieurs de nos sujets se décorent des insignes de divers ordres que nous ne leur avons pas conférés, ou pour lesquels ils n'ont pas obtenu de nous l'autorisation qui est nécessaire afin d'accepter et de porter les décorations accordées par les souverains étrangers ;

Qu'ils s'exposent, par cette conduite, aux poursuites et aux condamnations prescrites par l'article 259 du Code pénal ;

Voulant faire cesser des désordres d'autant plus fâcheux que leur effet naturel est d'affaiblir le prix des récompenses obtenues régulièrement et données à des services certains et vérifiés ;

Voulant, en conséquence, que la loi pénale reçoive à l'avenir toute son exécution, et que nos officiers de justice ne négligent plus d'exercer à cet égard la surveillance qui leur est prescrite ;

Sur le rapport de notre cousin le grand chancelier de l'Ordre royal de la Légion d'honneur et de l'avis de notre conseil,

Nous avons ordonné et ordonnons ce qui suit :

Art. Ier. Toutes décorations ou ordres, quelle qu'en soit la dénomination ou la forme, qui n'auraient pas été conférés par nous ou par les souverains étrangers, sont déclarés illégalement ou abusivement obtenus, et il est enjoint à ceux qui les portent de les déposer à l'instant.

II. Tout Français qui, ayant obtenu des ordres étrangers, n'aura pas reçu de nous l'autorisation de les accepter et de les porter, conformément à notre ordonnance du 26 mars 1816, sera pareillement tenu de les déposer, sans préjudice à lui de se pourvoir, s'il y a lieu, auprès du grand chancelier de notre Ordre royal de la Légion d'honneur, selon ladite ordonnance, pour solliciter cette autorisation.

III. Nos procureurs généraux poursuivront selon la rigueur des lois tous ceux qui, au mépris de la présente ordonnance, continueraient de porter des ordres étrangers sans notre autorisation, ou d'autres ordres quelconques sans que nous les leur ayons conférés.

IV. Nos ministres secrétaires d'État et notre grand chancelier de l'Ordre royal de la Légion d'honneur sont chargés de l'exécution de la présente ordonnance.

Donné à Paris, en notre château des Tuileries, le seizième jour d'avril de l'an de grâce mil huit cent vingt-quatre, et de notre règne le vingt-neuvième.

Signé : LOUIS.

Par le roi : *Le président du conseil des ministres*, signé : J. de Villèle.

Pour ampliation : *Le grand chancelier de l'ordre royal de la Légion d'honneur*, signé : Macdonald.

DÉCRET

RELATIF A LA LÉGISLATION DES ORDRES ÉTRANGERS.

NAPOLÉON, par la grâce de Dieu et la volonté nationale, EMPEREUR DES FRANÇAIS, chef souverain et grand maître de l'Ordre impérial de la Légion d'honneur, à tous présents et à venir, SALUT.

Sur le rapport de notre grand chancelier de l'Ordre impérial de la Légion d'honneur,

Après avoir pris l'avis du conseil de l'Ordre :

Vu les articles 50 et 52, §§ 3 et 4, du décret organique de la Légion d'honneur en date du 16 mars 1852, lesquels portent :

« Art. 50. Tous les ordres étrangers sont dans les attributions du grand chancelier de la Légion d'honneur.

« Art. 52, § 3. Il (le grand chancelier) prend les ordres du chef de l'État à l'égard des ordres étrangers conférés à des Français. — § 4. Il transmet l'autorisation de les porter. »

Vu l'article 259 du Code pénal, ainsi conçu : « Toute personne qui aura porté publiquement un costume, un uniforme ou une décoration qui ne lui appartient pas, ou qui se sera attribué des titres impériaux qui ne lui auraient pas été légalement conférés, sera punie d'un emprisonnement de six mois à deux ans »;

Considérant qu'au mépris de ces dispositions, des Français se décorent d'insignes d'ordres étrangers conférés par des autorités ou des corporations n'ayant pas la puissance souveraine, ou pour lesquels ils n'ont pas obtenu une autorisation spéciale;

Considérant que des abus graves se sont introduits dans le mode de porter les insignes des ordres étrangers pour lesquels l'autorisation a été accordée;

Voulant faire cesser des désordres d'autant plus fâcheux que leur effet est d'affaiblir la juste considération qui doit s'attacher aux décorations conférées par des souverains étrangers et le prix de récompenses obtenues régulièrement et données à des services certains et vérifiés;

Voulant également que la loi pénale reçoive sa pleine exécution, et que nos officiers de justice ne négligent plus d'exercer à cet égard la surveillance qui leur est prescrite,

Avons décrété et décrétons ce qui suit :

Art. Ier. Toutes décorations ou tous ordres étrangers, quelle qu'en soit la dénomination ou la forme, qui n'auraient pas été conférés par une puissance souveraine, sont déclarés illégalement et abusivement obtenus, et il est enjoint à tout Français qui les porte de les déposer à l'instant.

II. Tout Français qui, ayant obtenu des ordres étrangers, n'aura pas reçu du chef de l'État l'autorisation de les accepter et de les porter, sera pareillement tenu de les déposer immédiatement, sauf à lui à se pourvoir, s'il y a lieu, auprès de notre grand chancelier de l'Ordre impérial de la Légion d'honneur pour solliciter cette autorisation.

III. Il est formellement interdit de porter d'autres insignes que ceux de l'ordre et du grade pour lesquels l'autorisation a été accordée, sous les peines édictées en l'article 259 du Code pénal.

IV. A l'avenir, toute demande d'autorisation d'accepter et de porter les insignes d'un ordre ou d'une décoration étrangère devra être adressée hiérarchiquement au grand chancelier par l'intermédiaire du ministre dont relève le demandeur à raison de ses fonctions ou de son emploi. Si le demandeur en autorisation n'exerce aucune fonction publique, ou n'a que des fonctions gratuites, il adressera sa demande par l'intermédiaire du préfet de sa résidence actuelle. Les ministres, les hauts dignitaires de l'État, les membres du Sénat, du Corps législatif, du Conseil d'État et du conseil impérial de la Légion d'honneur, sont autorisés à adresser leur demande directement à notre grand chancelier.

V. Les ministres et les préfets devront transmettre immédiatement à notre grand chancelier les demandes d'autorisation qui leur sont remises, avec leur avis sur la suite à y donner.

VI. Toute demande d'autorisation formée par un Français ne faisant pas partie de la Légion d'honneur devra être accompagnée d'un extrait régulier de son acte de naissance.

VII. Les autorisations par nous délivrées seront insérées au *Moniteur*.

VIII. Une ampliation du décret d'autorisation sur parchemin, conforme au modèle ci-annexé, sera délivrée à l'impétrant.

IX. Pareille ampliation sera délivrée aux Français déjà autorisés qui en feront la demande à notre grand chancelier de l'Ordre impérial de la Légion d'honneur.

X. Il sera perçu par la grande chancellerie de la Légion d'honneur, à titre de droit de chancellerie, savoir : pour les décorations portées à la boutonnière, 60 francs; en sautoir, 100 francs; avec plaque sur la poitrine, 150 francs; pour les décorations portées avec grand cordon en écharpe, 200 francs [1].

XI. Les soldats, sous-officiers et officiers en activité de service, jusques et y compris le grade de capitaine dans l'armée de terre et de lieutenant de

1. Les droits de chancellerie afférents au port des décorations étrangères ont été modifiés par le décret du 22 mars 1875, ci-dessus reproduit.

vaisseau dans l'armée de mer, qui, à l'avenir, seront autorisés à accepter et à porter des ordres ou des décorations étrangères, seront exempts de tous droits de chancellerie.

XII. Les produits des droits de chancellerie seront employés : 1° à couvrir les frais d'expédition des ampliations de décrets d'autorisation; 2° à augmenter le fonds de secours affecté aux membres et aux orphelines de la Légion d'honneur.

XIII. Les dispositions disciplinaires des lois, décrets et ordonnances sur la Légion d'honneur sont applicables aux Français décorés d'ordres étrangers. En conséquence, le droit de porter les insignes de ces ordres peut être suspendu ou retiré dans les cas et selon les formes déterminés pour les membres de la Légion d'honneur.

XIV. L'ordonnance du 16 avril 1824 est abrogée.

XV. Nos ministres et notre grand chancelier de l'Ordre impérial de la Légion d'honneur sont chargés, chacun en ce qui le concerne, de l'exécution du présent décret.

Fait au palais de Saint-Cloud, le 10 juin 1853.

Signé : NAPOLÉON.

Par l'empereur : *Le ministre d'État*,
signé : ACHILLE FOULD.

Vu pour l'exécution : *Le grand chancelier de l'Ordre impérial de la Légion d'honneur*,
signé : DUC DE PLAISANCE.

RAPPORT A L'EMPEREUR

SUR LES ORDRES ÉTRANGERS OU LES DÉCORATIONS ÉTRANGÈRES.

Paris, le 10 juin 1853.

SIRE,

Le décret de Votre Majesté, en date de ce jour, sur les ordres ou les décorations étrangères, n'ayant pu poser que des principes généraux, il est nécessaire que des dispositions secondaires viennent me guider dans les mesures que je dois prendre pour en assurer la complète exécution.

J'ai donc l'honneur de proposer à Votre Majesté d'arrêter les dispositions suivantes, qui auront alors toute la force de son autorité souveraine et deviendront l'expression de sa volonté impériale :

1° Sont considérées comme illégalement et abusivement obtenues toutes décorations qualifiées françaises ou étrangères conférées, sous quelque titre que ce soit, par des chapitres, corporations, confréries, prétendus grands maîtres ou leurs délégués, etc., etc.

2° L'ordre de Malte, étant un ordre étranger, ne peut être accepté ou porté par un Français qu'autant que, conféré par un souverain, l'autorisation en a été accordée par nous ou nos prédécesseurs.

3° Toute décoration étrangère ne pourra être portée en sautoir (commandeurs ou classe correspondante) que par les officiers supérieurs ou les fonctionnaires d'un rang analogue.

Les grands cordons ou plaques seront seulement portés par les officiers généraux ou les fonctionnaires civils d'un rang correspondant.

Toute autorisation antérieure contraire à la présente disposition est révoquée.

4° Il est interdit à tout Français, sous les peines édictées par l'article 259 du Code pénal, de porter aucun costume ou uniforme soi-disant spécial ou afférent à un ordre ou à une décoration étrangère.

5° Les demandes en autorisation d'accepter ou de porter des ordres ou des décorations étrangères seront examinées et vérifiées en conseil de l'Ordre par notre grand chancelier de l'Ordre impérial de la Légion d'honneur.

6° Nos ministres, notre grand chancelier de l'Ordre impérial de la Légion d'honneur et nos officiers de justice sont spécialement chargés de veiller à la stricte exécution des présentes décisions.

Je suis avec le plus profond respect, Sire, etc.

Le grand chancelier, signé : Duc de Plaisance.

Approuvé, signé : NAPOLÉON.

Par l'empereur : *Le ministre d'État*,
signé : Achille Fould.

Vu pour l'exécution : *Le grand chancelier de l'Ordre impérial de la Légion d'honneur*,
signé : Duc de Plaisance.

DISCIPLINE

DÉCRET

SUR LA DISCIPLINE DES MEMBRES DE LA LÉGION D'HONNEUR ET DES DÉCORÉS DE LA MÉDAILLE MILITAIRE.

Du 24 novembre 1852.

LOUIS-NAPOLÉON, PRÉSIDENT DE LA RÉPUBLIQUE FRANÇAISE,

Vu le titre VI du décret du 16 mars 1852 et l'article 62 de l'ordonnance du 26 mars 1816 sur la discipline des membres de l'Ordre national de la Légion d'honneur;

Vu également les décrets des 22 janvier et 29 février 1852, portant institution de la Médaille militaire;

Le conseil de l'Ordre entendu;

Sur la proposition du grand chancelier de la Légion d'honneur:

Considérant qu'il est nécessaire de déterminer le mode d'exécution de l'action disciplinaire établie par les dispositions ci-dessus visées et d'en étendre l'application à l'institution de la Médaille militaire,

DÉCRÈTE :

ART. Ier. Tout individu qui a perdu la qualité de Français est rayé des matricules de l'Ordre à la diligence du grand chancelier de la Légion d'honneur, le conseil de l'Ordre préalablement entendu.

La même radiation a lieu, dans la même forme, sur le vu de tout jugement rendu contre un membre de l'Ordre et portant condamnation à une peine afflictive ou infamante, ou emportant la dégradation militaire.

II. Lorsqu'un membre de l'Ordre est suspendu de ses droits de citoyen français, sur le vu de l'acte constatant cette suspension, le grand chancelier, après avoir pris l'avis du conseil de l'Ordre, fait opérer sur les matricules la mention que cet individu est suspendu de tous les droits et prérogatives attachés à la qualité de membre de l'Ordre, ainsi que du droit au traitement qui y est affecté.

III. La condamnation à l'une des peines du boulet, des travaux publics et de l'emprisonnement emporte la suspension des droits et prérogatives ainsi que du traitement attachés à la qualité de membre de la Légion d'honneur, pendant la durée de la peine.

IV. L'envoi par punition dans une compagnie de discipline d'un militaire des armées de terre ou de mer emporte la suspension des droits et prérogatives ainsi que du traitement attachés à la qualité de membre de l'ordre de la Légion d'honneur, pendant la durée de la punition.

V. Sur le vu de tout jugement définitif portant condamnation contre un membre de la Légion d'honneur à l'une des peines mentionnées en l'article 3 du présent décret, le grand chancelier, après avoir pris l'avis du conseil de l'Ordre, peut proposer au Chef de l'État de suspendre le condamné, en tout ou en partie, des droits et prérogatives ainsi que du traitement attachés à la qualité de membre de la Légion d'honneur, et même de l'exclure de la Légion, conformément à l'article 46 du décret du 16 mars 1852.

Les mêmes décisions peuvent être prises, dans la même forme, par application de l'article 62 de l'ordonnance du 26 mars 1816, contre tout officier des armées de terre ou de mer mis en retrait d'emploi pour inconduite habituelle ou pour faute contre l'honneur[1].

VI. Les dispositions de l'article 6 du décret du 16 mars dernier sur l'ordre de la Légion d'honneur, ainsi que le présent décret, sont applicables aux décorés de la Médaille militaire.

En cas de condamnation emportant la dégrada-

1. Article abrogé par le décret du 9 mai 1874, ci-après reproduit.

tion d'un décoré de la Médaille militaire, le président de la Cour ou du conseil de guerre prononce, immédiatement après la lecture du jugement, la formule suivante :

« Vous avez manqué à l'honneur : je déclare que vous cessez d'être décoré de la Médaille militaire. »

VII. La suspension des droits et prérogatives attachés à la qualité de membre de la Légion d'honneur ou de décoré de la Médaille militaire emporte la suspension de l'autorisation de porter les insignes d'un ordre étranger quelconque.

La privation des mêmes droits emporte également le retraît définitif de l'autorisation de porter les insignes d'un ordre étranger.

VIII. Le grand chancelier informe de toute radiation ou suspension opérée en vertu des dispositions du présent décret le ministre de la justice, s'il s'agit d'un individu non militaire, et les ministres de la guerre et de la marine, s'il s'agit d'un militaire ou d'un marin, ou d'un individu assimilé aux militaires ou marins.

IX. Tout individu qui aura encouru la suspension ou la privation des droits et prérogatives attachés à la qualité de membre de la Légion d'honneur ou de décoré de la Médaille militaire, et qui en portera les insignes ou ceux d'un ordre étranger, sera poursuivi et puni conformément à l'article 259 du Code pénal.

X. Les ministres d'État, de la justice, de la guerre et de la marine et des colonies, ainsi que le grand chancelier de la Légion d'honneur, sont chargés, chacun en ce qui le concerne, de l'exécution du présent décret.

Fait au palais de Saint-Cloud, le 24 novembre 1852.

Signé : LOUIS-NAPOLÉON.

Par le prince-président : *Le ministre d'État,*
signé : ACHILLE FOULD.

Vu : *Le grand chancelier de la Légion d'honneur,*
signé : Gal Cte D'ORNANO.

DÉCRET

RELATIF A LA DISCIPLINE DES MEMBRES DE LA LÉGION D'HONNEUR.

Du 14 avril 1874.

LE PRÉSIDENT DE LA RÉPUBLIQUE FRANÇAISE,

Sur le rapport du garde des sceaux, ministre de la justice :

Vu l'article 6 de la loi du 25 juillet 1873 sur la Légion d'honneur, ainsi conçu : « Un règlement rendu dans la forme des règlements d'administration publique déterminera les peines à infliger pour les actions qui ne peuvent être l'objet d'aucune poursuite devant les tribunaux ou les conseils de guerre, et qui cependant attentent à l'honneur d'un membre de la Légion »;

Vu le décret organique de la Légion d'honneur, en date du 16 mars 1852, notamment le titre VI, concernant la discipline des membres de l'Ordre;

Vu les lois des 19 mai 1834 et 4 août 1839;

Vu les décrets des 24 novembre 1852 et du 8 décembre 1859;

Vu l'avis du conseil de l'Ordre national de la Légion d'honneur;

Vu les avis du ministre de la guerre et du ministre de la marine et des colonies;

Le Conseil d'État entendu,

DÉCRÈTE :

ART. Ier. Les peines disciplinaires dont les membres de la Légion d'honneur sont passibles lorsque les actes qui portent atteinte à leur honneur ne peuvent être l'objet d'aucune poursuite devant les tribunaux ou les conseils de guerre sont :

1° La censure ;

2° La suspension totale ou partielle de l'exercice des droits, prérogatives et du traitement attachés à la qualité de membre de la Légion d'honneur ;

3° L'exclusion de la Légion.

II. La censure est prononcée par le grand chancelier de l'Ordre de la Légion d'honneur.

La suspension et l'exclusion sont prononcées par le Président de la République, sur le rapport du grand chancelier.

III. Les préfets, les sous-préfets, les maires et tous les officiers de police judiciaire qui, dans l'exercice de leurs fonctions, sont informés de faits graves de nature à entraîner contre un légionnaire n'appartenant pas à l'armée de terre ou de mer l'application des dispositions de l'article Ier, sont tenus d'en rendre compte au grand chancelier de l'Ordre.

Leur rapport doit être transmis par la voie hiérarchique et par l'intermédiaire du ministre compétent, dans le cas où le légionnaire remplit des fonctions publiques.

Les ambassadeurs, les ministres plénipotentiaires et consuls doivent également rendre compte au grand chancelier des faits de cette nature qui auraient été commis en pays étrangers par des légionnaires français ou étrangers. Dans ce dernier cas, leur rapport ne peut être transmis que par l'intermédiaire du ministre des affaires étrangères.

IV. Lorsque le grand chancelier est saisi d'un rapport ou d'une plainte contre un légionnaire n'appartenant pas à l'armée, il fait procéder sommairement à une information préalable, et, suivant les résultats de cette information, il décide s'il y a lieu ou non de donner suite à la plainte.

Dans le cas de l'affirmative, cette décision ne peut être prise qu'après l'avis du ministre compétent, s'il s'agit d'un légionnaire remplissant des fonctions publiques.

V. Dans le cas où il est donné suite à l'affaire, le grand chancelier désigne trois membres de l'Ordre, d'un grade au moins égal à celui de l'inculpé, pour entendre ses explications et recueillir des renseignements sur les faits qui servent de base à la plainte. Le président de cette commission d'enquête est désigné par la même décision.

S'il s'agit de légionnaires établis à l'étranger, cette désignation est faite de concert avec le ministre des affaires étrangères, et, à défaut de légionnaires remplissant les conditions requises, les membres de la commission peuvent être pris en dehors de la Légion d'honneur.

VI. L'inculpé est averti par le grand chancelier de la plainte dont il est l'objet, et invité à produire, dans un délai déterminé, ses moyens de défense, soit par écrit, soit verbalement, devant la commission d'enquête prévue à l'article précédent.

VII. La commission transmet au grand chancelier le mémoire justificatif et le procès-verbal des explications orales fournies par l'inculpé; elle y joint les renseignements qu'elle a pu recueillir et son avis.

Dans le cas où l'inculpé n'aurait présenté ni défense écrite ni explications orales dans le délai fixé par la décision du grand chancelier, la commission renvoie le dossier avec son avis.

Toutefois, le grand chancelier peut accorder, sur la demande de l'inculpé, une prolongation de délai.

S'il s'agit d'un légionnaire remplissant des fonctions publiques, le dossier est communiqué au ministre compétent.

VIII. Le conseil de l'Ordre peut, dans tous les cas, décider que l'inculpé sera admis à donner des explications devant trois de ses membres désignés par le grand chancelier.

Il émet son avis sur les mesures disciplinaires qui doivent être prises contre l'inculpé.

L'avis du conseil ne peut être modifié qu'en faveur du légionnaire.

Cet avis, lorsqu'il conclut à l'exclusion, doit être pris à la majorité des deux tiers des votants.

IX. Les dispositions des articles 1er, 2 et 8 du présent règlement sont applicables aux officiers des armées de terre et de mer mis en réforme ou mis à la retraite d'office, à la suite de l'avis d'un conseil d'enquête, pour inconduite habituelle ou faute contre l'honneur.

Les officiers mis en non-activité à la suite d'un avis du conseil d'enquête portant qu'ils sont susceptibles d'être mis en réforme pour inconduite habituelle ou pour faute contre l'honneur peuvent être frappés de la censure ou suspendus, dans les mêmes formes, de tout ou partie des droits attachés à la qualité de membre de la Légion d'honneur, pendant une durée qui ne pourra dépasser celle de la peine disciplinaire prononcée contre eux.

X. Les dispositions des articles 1er, 2 et 8 sont également applicables aux sous-officiers ou soldats, officiers mariniers ou marins contre lesquels des peines disciplinaires auraient été prononcées pour des faits portant atteinte à l'honneur.

Les ministres de la guerre et de la marine informent le grand chancelier des peines prononcées pour des faits de cette nature et lui transmettent les pièces de l'instruction.

XI. Le garde des sceaux, ministre de la justice, les ministres compétents et le grand chancelier de l'Ordre de la Légion d'honneur sont chargés, chacun en ce qui le concerne, de l'exécution du présent décret.

Fait à Paris, le 14 avril 1874.

Signé : M[al] DE MAC MAHON.

Par le président de la République : *Le garde des sceaux, ministre de la justice*, signé : OCTAVE DEPEYRE.

Vu pour l'exécution : *Le grand chancelier de la Légion d'honneur*, signé : Gal VINOY.

DÉCRET

PORTANT QUE LE RÈGLEMENT DU 14 AVRIL 1874 SUR LA DISCIPLINE DES MEMBRES DE LA LÉGION D'HONNEUR EST APPLICABLE AUX DÉCORÉS DE LA MÉDAILLE MILITAIRE, AUX TITULAIRES DES MÉDAILLES COMMÉMORATIVES, AINSI QU'AUX FRANÇAIS AUTORISÉS A PORTER DES ORDRES ÉTRANGERS.

Du 9 mai 1874.

LE PRÉSIDENT DE LA RÉPUBLIQUE FRANÇAISE,

Sur la proposition du grand chancelier de la Légion d'honneur :

Vu le décret organique de la Légion d'honneur en date du 16 mars 1852, notamment le titre VI, concernant la discipline des membres de l'Ordre;

Vu les décrets du 24 novembre 1852 et du 8 décembre 1859;

Vu le règlement d'administration publique, en date du 14 avril 1874, rendu en exécution de l'article 6 de la loi du 25 juillet 1873 sur la Légion d'honneur;

Vu les décrets des 22 janvier et 29 février 1852 sur la Médaille militaire;

Vu les décrets des 26 avril 1856, 10 janvier 1857, 12 août 1857, 26 février 1858, 11 août 1859, 24 octobre 1859, 23 janvier 1861, 25 mars 1861, 29 août 1863, 15 mars 1864 et 3 mars 1868, relatifs aux médailles commémoratives des diverses campagnes de guerre ;

Vu le décret du 10 juin 1853 sur les ordres étrangers;

Considérant que les dispositions disciplinaires qui régissent les membres de la Légion d'honneur ont été rendues applicables aux décorés de la Médaille militaire et aux titulaires des médailles commémoratives, ainsi qu'aux Français autorisés à porter des ordres étrangers, et qu'il importe de leur appliquer également les dispositions du règlement d'administration publique en date du 14 avril 1874 ;

Considérant, d'autre part, que les dispositions de l'article 6 de la loi du 25 juillet 1873 et celles du règlement d'administration publique en date du 14 avril 1874 impliquent l'abrogation de l'article 5 du décret du 24 novembre 1852 et celle du décret du 8 décembre 1859,

Le conseil de l'Ordre national de la Légion d'honneur entendu,

DÉCRÈTE :

ART. Ier. Les dispositions du règlement d'administration publique ci-dessus visé, en date du 14 avril 1874, sont applicables aux décorés de la Médaille militaire, aux titulaires des médailles commémoratives des diverses campagnes de guerre[1], ainsi qu'aux Français autorisés à porter des ordres étrangers.

II. L'article 5 du décret du 24 novembre 1852 et le décret du 8 décembre 1859 sont abrogés.

III. Les ministres et le grand chancelier de la Légion d'honneur sont chargés, chacun en ce qui le concerne, de l'exécution du présent décret.

Fait à Paris, le 9 mai 1874.

Signé : Mal DE MAC MAHON.

Par le président de la République : *Le garde des sceaux, ministre de la justice*, signé : OCTAVE DEPEYRE.

Vu pour l'exécution : *Le grand chancelier de la Légion d'honneur*, signé : Gal VINOY.

1. 1° *Médaille de Sainte-Hélène*, créée par décret du 12 août 1857 pour distinguer les militaires qui ont combattu sous les drapeaux de la France de 1792 à 1815;

2° *Médaille commémorative de la campagne d'Italie*, créée par décret du 11 août 1859;

3° *Médaille commémorative de l'expédition de Chine*, créée par décret du 23 janvier 1861;

4° *Médaille commémorative de l'expédition du Mexique*, créée par décret du 29 août 1863;

5° *Médailles commémoratives étrangères* dont le port est autorisé en France.

GRANDS CHANCELIERS

DE LA LÉGION D'HONNEUR

DEPUIS SA CRÉATION[1]

Comte DE LACÉPÈDE.	3 fructidor an XI.
Baron DE PRADT[2].	7 avril 1815.
Vicomte DE BRUGES[2].	13 février 1815.
Comte DE LACÉPÈDE.	1er avril 1815.
Maréchal MACDONALD, duc DE TARENTE. .	2 juillet 1815.
Maréchal MORTIER, duc DE TRÉVISE. . .	11 septemb. 1831.
Maréchal GÉRARD.	4 février 1836.
Maréchal OUDINOT, duc DE REGGIO . . .	17 mars 1839.
Maréchal GÉRARD.	22 octobre 1842.
Général SUBERVIE.	19 mars 1848.
Maréchal MOLITOR.	23 décembre 1848.
Maréchal EXELMANS.	15 août 1849.
Général comte D'ORNANO.	13 août 1852.
Général LEBRUN, duc DE PLAISANCE. . .	26 mars 1853.

1. Ont été secrétaires généraux de la Légion d'honneur : MM. les généraux de brigade Hulot, comte d'Osery, vicomte de Saint-Mars, Maizière, Eynard, vicomte de Vaudrimey-Davout.

M. le général de brigade Durand de Villers (Charles-Eugène) est actuellement en fonctions (janvier 1878).

2. Seulement avec le titre de chancelier, aux termes de l'ordonnance du 13 février 1815.

Maréchal PÉLISSIER, duc DE MALAKOFF. 23 juillet 1859.
Amiral HAMELIN. . . . . 24 novemb. 1860.
Général comte DE FLAHAULT. . . . . 27 janvier 1864.
Général VINOY. . . . . 6 avril 1871.

TABLE

LÉGION D'HONNEUR.

LOIS ET DÉCRETS.

MAISONS D'ÉDUCATION

DE LA LÉGION D'HONNEUR

MÉDAILLE MILITAIRE.

ORDRES ÉTRANGERS.

DISCIPLINE.

PARIS

IMPRIMERIE D. JOUAUST

Rue Saint-Honoré, 338

www.ingramcontent.com/pod-product-compliance
Ingram Content Group UK Ltd.
Pitfield, Milton Keynes, MK11 3LW, UK
UKHW020350230726
13925UKWH00003B/1057